余音袅袅

南通文物保护单位

南通市文化广电和旅游局 编　施东升 编著

文物出版社

图书在版编目（CIP）数据

屐痕处处 余音袅袅：南通文物保护单位 / 南通市文化广电和旅游局编；施东升编著. -- 北京：文物出版社，2021.12
ISBN 978-7-5010-7293-4

Ⅰ.①屐… Ⅱ.①南…②施… Ⅲ.①名胜古迹－介绍－南通②文化遗址－介绍－南通 Ⅳ.①K928.705.33 ②K878

中国版本图书馆 CIP 数据核字 (2021) 第 231746 号

屐痕处处 余音袅袅——南通文物保护单位

编　　者	南通市文化广电和旅游局
编　　著	施东升
责任编辑	孙　霞
策　　划	彭春梅
摄　　影	施东升
责任印制	陈　杰
出版发行	文物出版社
社　　址	北京市东城区东直门北小街 2 号楼
邮　　编	100007
网　　址	http://www.wenwu.com
经　　销	新华书店
印　　刷	上海雅昌艺术印刷有限公司
开　　本	965 毫米 × 635 毫米 1/8
印　　张	25
版　　次	2021 年 12 月第 1 版
印　　次	2021 年 12 月第 1 次印刷
书　　号	ISBN-978-7-5010-7293-4
定　　价	280.00 元

编委会

主　任　　沈　雷　陈冬梅

副主任　　毛炜峰　倪益新　王倚海　杜嘉乐

成　员　　彭春梅　姜振华　杜晓春　吴兴林　瞿　丹
　　　　　范小磊　吴爱兵　孙　陈　徐张禄　袁建峰

撰稿人　　施东升　沈玉成　张炽康　任苏文　李宗康
　　　　　范淑青　朱　令　冯楚尧　韦　峰　汤　璟
　　　　　姜晓芳　范美丹　仲娴静　朱小兵　康　津
　　　　　徐海华　韩臻臻

前言

南通位于长三角北翼，与上海、苏州隔江相望，素有"江海门户"之称。早在距今 6300~5000 年的新石器时代晚期，青墩先民就在这里生产生活，使海安青墩成为南通江海文明的起源地。958 年，南通建城，史称"通州"，护城河濠河也随即应运而生。1895 年，中国早期现代化的先驱张謇创办大生纱厂，其"一城三镇"城市格局永载史册。特殊的地理位置、独特的城市发展道路，形成了南通类型多样、文化多元、特色鲜明的文化遗产体系。2009 年，南通市被国务院公布为国家历史文化名城。截至目前，南通全市拥有市县级及以上文物保护单位 238 处，尚未核定公布为文物保护单位的不可移动文物 400 余处，登记馆藏品 5 万余件 / 套、省级历史文化名城 1 座（如皋）、国家历史文化名镇 2 个（栟茶、余东）、省级历史文化名镇 1 个（白蒲）、省级历史文化街区 6 个（寺街、西南营、濠南、唐闸、东大街、武庙）、国家历史文化名村 1 个（余西）。

为贯彻落实习近平总书记关于文物工作重要论述和重要指示批示精神，让江海大地上的文物"活起来"，我们编撰了《屐痕处处　余音袅袅——南通文物保护单位》一书，让散落在田野里的文物生动地跃然纸上，以飨读者。本书通过图文并茂的形式，全面准确地介绍了南通现有 11 处全国重点文物保护单位、28 处江苏省文物保护单位、56 处南通市文物保护单位。这 95 处文保单位犹如历史长河里的 95 颗珍珠，是江海文明的实物写照，弥足珍贵。本书选用图片或整体展现文物布局，或聚焦细部构件，文字信息量大，知识性强，可谓颜值与内涵俱佳，有助于我们对身边文物的审美和认知。

屐痕处处，镌刻着江海大地沧桑巨变的历史印记，也书写着南通当代文物工作者的坚定信仰；余音袅袅，氤氲着江海文化的独特神韵，也回荡着今人与古人对话、叩击心灵的美妙乐章。

愿此书能为我们普及知识，提升我们珍视文物、保护文物的意识，激发江海儿女的文化自信。

编者
2021 年 12 月

目录

第一章
全国重点文物保护单位

南通博物苑	002
水绘园	006
张謇墓	008
大生纱厂	010
南通天宁寺	014
青墩遗址	016
广教禅寺	018
如皋公立简易师范学堂旧址	021
韩公馆	022
通崇海泰总商会大楼	027
南通大生第三纺织公司旧址	029

第二章
江苏省文物保护单位

太平兴国教寺大殿	032
抚台平倭碑	034
曹顶墓	036
苏北第一届参政会会址	039
平倭塚记碑	040
文庙大成殿	043
丁古角明代住宅	045
关帝庙巷明清住宅	046
高凤英烈士墓	049
苏中七战七捷纪念碑	051
狼山天祚崖题刻	053
钟楼 谯楼	055
沈寿墓	056
苏北抗大九分校旧址	059
新四军联抗部队烈士墓	060
如皋城东水关遗址	063
集贤里民居	065
白蒲镇民居	066
赵绘沈绣之楼及林溪精舍	068
濠阳小筑	070
南通文庙	073
南通文峰塔	075
掘港国清寺遗址	076
石庄汤氏宅	078
如皋定慧寺	080
城南别业	082
大达内河轮船公司旧址	084
唐闸红楼	087

第三章
南通市文物保护单位

城隍庙	091
静业庵	092
掌印巷清代住宅	094
冯旗杆巷明代住宅	096
富贵巷明代住宅	099
倭子坟	100
骆宾王、金应、刘南庐墓	102
白雅雨墓	105
金沧江墓	106
何坤墓	108
军山气象台旧址	110
特来克墓	112
赵丹故居	114
白雅雨故居	116
金沧江故居	118
李方膺故居	120
女红传习所旧址	123
濠南别业西楼	125
虞楼	127
兴化禅寺	128
北极阁城墙遗址	130
玄妙观玉皇楼	133
三清殿	134
耙齿凌战役烈士陵园	137
中共江北区特别委员会机关旧址及纪念碑	138
钟秀山遗址	140
宋井	142
张氏宗祠旧址	144
军山普陀别院碑	147
戴联奎墓石刻	148
伶工学社旧址	150
南通农科大学校舍	153
启秀别业	154
狼山天主教堂	157
南通市劳动人民文化宫	158
近代纺织车间	161
韩国钧墓	163
海安县烈士陵园	164
张謇祖居	165
通海垦牧公司挡潮墙遗址	166
郁寿丰墓	168
吉家墩遗址	169
交运路 13 号明代住宅	170
南山五帝观	173
钱氏牌坊	175
丰利古建筑群	176
陈家小园 56 号别墅	179
人民西路 38 号别墅	180
顾敩基故居	183
张氏墓祠	184
江谦耕读处	186
大有晋垦区格局	187
三门闸	188
掘苴河闸	190
因树斋	193
朱理治故居	195

第一章

全国重点文物保护单位

南通博物苑

全国重点文物保护单位
公布批次（时间）：第三批（1988年1月）
地址：崇川区濠南路19号

南通博物苑由晚清状元，近代伟大的爱国主义者，著名实业家、教育家张謇于1905年创办，是中国人自己创办的第一座公共博物馆。南通博物苑的创建标志着中国博物馆事业的肇始，在中国博物馆史上具有开风气之先的意义。

南通博物苑以"设为庠序学校以教，多识鸟兽草木之名"为办苑宗旨，融中国古代园林风格与近代博物馆理念于一体，具有"馆园一体"鲜明特色。早期建筑有中馆、南馆、北馆、苑事室、藤东水榭、国秀亭、相禽阁等，并有假山、兽室、鸟室、风车、水塔等园林设施及名贵花木。新中国成立前几经变故，遭受破坏。新中国成立后逐步恢复。现为综合性地方博物馆。目前，南通博物苑占地6.75公顷，其中园林绿化面积占59.6%，现存灌木、草本、花卉、地被、水生、竹类等植物58科220属390多种，其中，古树名木18棵。苑藏历史文物、民俗物品、自然标本等藏品5万余件，其中，1973年出土的晚唐至五代时期越窑青瓷皮囊式壶，属极为珍贵的秘色瓷，系镇馆之宝。

南通博物苑的前身为公共植物园，最初隶属张謇创办的中国第一所师范学校——通州师范学校。1912年起独立，称"南通博物苑"，张謇自任博物苑总理。1938年遭日军破坏。新中国成立后浴火重生，虽一度被划分成南通博物馆和人民公园两个单位，但总体格局未有大的改变。1999年，人民公园并入南通博物苑。2005年，文化部、国家文物局和江苏省人民政府在南通联合举办"南通博物苑一百年暨中国博物馆事业发展百年庆典"，由两院院士吴良镛先生主持设计的南通博物苑新展馆建成并投入使用。

2020年下半年，习近平总书记在企业家座谈会讲话和考察南通博物苑时先后两次指出，张謇是爱国企业家的典范、民族企业家的楷模、民营企业家的先贤，要把南通博物苑和张謇故居作为爱国主义教育基地，让广大民营企业家和青少年受到教育，增强社会责任感，坚定"四个自信"。南通博物苑践行习近平总书记嘱托，弘扬爱国主义精神，丰富公共文化服务供给。如今，南通博物苑已成为公众接受爱国主义教育的重要阵地和人们了解南通、亲近自然、接受文化熏陶及休闲旅游的理想场所。

建成之初的博物苑

展痕处处 余音袅袅 | 南通文物保护单位

南通博物苑 中馆

南通博物苑 中馆

南通博物苑 南馆

| 展痕处处 余音袅袅 | 南通文物保护单位 |

南通博物苑 濠南别业

水绘园

全国重点文物保护单位
公布批次（时间）：第五批（2001年6月）
地址：如皋市如城街道公园路西河边16号

  水绘园位于如皋古城东北隅，依古城墙而建，因秉承"于自然中见人工"理念，以有限之空间营造更为宽阔之意象而独树一帜，更因园主冒辟疆和董小宛的爱情故事而闻名于世，被我国著名古建筑园林艺术学家陈从周先生誉为"海内孤例"。

  水绘园始建于明万历年间，历四世至明末四公子之一冒辟疆，始臻完善。冒襄（1611~1693年），字辟疆，号巢民，一号朴庵，又号朴巢，南直隶扬州府泰州如皋县（今江苏如皋）人，明末清初文学家。冒辟疆曾易园为庵，名水绘庵，为其隐居之处，并在园中构妙隐香林、壹默斋、枕烟亭、寒碧堂、洗钵池、小浯溪、鹤屿、小三吾、涩浪坡、镜阁、壁落庐等十余处佳境。冒辟疆精于诗文、书画，同时广交天下名士，"宾从宴游，极一时之盛"。一代名士吴伟业、王士祯、陈维崧都曾唱和啸咏其间，昆剧泰斗苏昆生寓居水绘园，创建冒家乐班，这些都赋予了水绘园丰富的文化内涵和空灵脱俗的神韵。

  现存水绘园古建筑为一楼两院格局。园内洗钵池畔有一座融徽州建筑技法与扬州建筑艺术于一体的画舫式建筑——水明楼，取唐杜甫"残夜水明楼"之诗意，是清乾隆二十三年（1758年）盐商汪之珩、汪春田父子为缅怀冒辟疆，承水绘园之造园风格而赠建。水明楼临洗钵池，自南至北依次为前轩、中轩、楼阁诸构，以漏窗引景。前轩、中轩面东，用隔扇和竹照分割成内室外廊。楼阁为二层木结构，上有东向临波"艳月"小厅及暖阁。三构之间绕以水花墙，可透风漏月，又借九曲三弯的回廊沟通往来。水花墙与回廊之间各自成院，围而不隔，界而不分，缀以湖石、梅竹，有移步见景之妙。

  水明楼北有月门通水绘园十二景，西有小门通雨香庵，雨香庵西侧是隐玉斋，环院有南、西、北三处建筑。南为隐玉斋、牡丹亭。隐玉

斋面阔三间，房前筑有湖石假山。隐玉斋西为牡丹亭，饰以坐凳栏杆，亭前植有牡丹。北为观桧厅，厅前有800余年古桧一株，集扁柏、刺柏、圆柏于一身，造型呈云头雨足美人腰势，迄今枝繁叶茂。西部面东为聆松簃。此三处建筑以回廊相连。隐玉斋西又有染香山房、翠鸣轩、集古斋建筑一组，自成院落。斋北有闲情阁一栋。

水绘园的构筑技艺和环境营造具有较高的历史、艺术、科学价值。尤其是因地制宜，以曲折游廊巧妙连接一楼两院，利用建筑本身的虚实之对比，与水中真伪之变化，给人无限遐想的空间。

水绘园附近就是东大街历史文化街区，成为如皋旅游打卡地。

张謇墓

全国重点文物保护单位
公布批次（时间）：第五批（2001年6月）
地址：崇川区南郊路150号

　　张謇墓是张謇生前自择长眠之地。墓圹朝南，正对剑山，剑山山顶的文殊台仿佛香炉，狼山山顶的支云塔和军山山顶的气象台各列两旁，恰似烛台，寓永享青山的供奉之意。张謇生前为其墓门作了一副对联："即此粗完一生事，会须身伴五山灵。"

　　张謇（1853~1926年），字季直，号啬庵，生于今江苏省南通市海门区常乐镇。1869年中秀才，1885年中举人，1894年中状元，1904年官居三品，1911年任江苏两淮盐政总理。因目睹列强入侵，国事日非，毅然弃官，走上实业、教育救国之路。

　　1926年8月24日，张謇病逝，民国总统、内阁总理以及社会名流蔡元培、梁启超、黄炎培等均发来唁电。梁启超写下挽联："一老不遗失恸岂唯吾党，万方多难招魂怕忘江南。"南通各工厂与商店停业半日、学校停课三日、全城下半旗三日致哀。1926年11月，张謇安葬于此。因张謇号啬庵，故称啬公墓。张謇学生在其墓地周围一人植一树，时称"弟子林"。1927年，墓园东南百余米处建成张氏飨堂。张謇安葬后两年多，其门人故旧为表达追慕之情，铸张謇全身铜像一座，置于墓碑上方，供人瞻仰。1935年，张謇之子张孝若亡故，归葬于张謇墓东侧。1956年，张氏后人在墓园中部建憩厅，并将墓园献给国家。1958年5月，由张氏家属提议改名南郊公园。"文革"期间，墓茔、墓阙遭受破坏，铜像被砸碎冶化，园内其他设施也损坏严重。据张謇孙女张柔武回忆，棺内陪葬品仅有礼帽一顶，折扇一把，眼镜盒一只，盒内装有眼镜一副。另有一对金属小盒，一只内装张謇的胎发球，另一只内装张謇的一颗净根牙。这使主张开棺的造反派大失所望，也令在场的公务人员和亲属无限伤感，更添崇敬之情。1976年开始，南通市人民政府先后三次征地扩园，修筑景点。1983年，市政府在原地复建了张謇父子墓茔、墓阙，1985年复立张謇铜像，并改称啬园。目前啬园北部为墓茔区，有张謇墓、张孝若墓和张氏女眷墓；中部为纪念区，有张氏飨堂、憩厅等建筑；南部为休闲区，围绕小溪有鱼乐廊、曲桥、迎宾小筑、映山楼等景。如今，张謇墓园古木参天，绿意盎然，成为南通不可多得的植物大观园。

大生纱厂

全国重点文物保护单位
公布批次（时间）：第六批（2006年5月）
地址：崇川区唐闸街道南市街14号、唐闸镇公园路23号

大生纱厂位于南通近代工业重镇唐闸中心地段，通扬运河西岸，由张謇于1895年10月创办，如今仍在原址进行生产经营，保留着原有历史风貌和基本格局，是研究中国民族工业发展史的活标本。

大生纱厂占地20.28公顷，厂区内保存完好的历史建筑设施包括厂房车间、仓储设施、公共建筑、标志性建筑物等，规模宏大，门类齐全，结构坚固，历经百余年仍在使用，其中，代表性建筑有钟楼、公事厅、专家楼、清花间厂房、南通纺织专门学校旧址、唐闸实业小学教学楼（厂区外）、仓库（南栈）、护厂河、大生码头等。

钟楼

仓库（南栈）

清花间厂房

唐闸实业小学教学楼

公事厅

大生纱厂南栈

专家楼

唐闸实业小学教学楼

钟楼建于1915年，高达十余米，上下五层，呈长方体。第五层为钟室，四周均可看到罗马数字标明12小时的字样，整点报时。

公事厅建于1900年，是大生纱厂初建时高层管理机构的办公楼。坐北朝南，二层砖木结构，面阔23.8米，进深14米。门面及东西两侧围以走廊，且附设栏杆。楼上有五个房间，是张謇等人办公和住宿的地方。

专家楼建于1897年，专供外国工程师居住，坐北朝南，二层砖木结构，建筑面积378平方米。

清花间厂房于1898年12月落成，由上海曹协顺营造厂承建。占地约1788平方米，坐西向东，砖木结构锯齿形厂房，基本保持原貌，现仍为生产用房。

大生纱厂南栈建于1898年，中西合璧，砖木结构，拥有仓房六幢，仓储面积11658平方米。该堆栈规模宏大，设施齐全，建筑结构坚固，整体保护完好，且一直沿用至今。

南通纺织专门学校旧址现存学生宿舍楼、纺织科图书馆楼各一座。南通纺织专门学校于1912年创办，是中国最早的高等纺织专科院校。1927年改为南通纺织大学，后又改称南通大学纺织科、南通学院纺织科等。1952年并入华东纺织工学院。

唐闸实业小学教学楼，前身为张謇于1905年创办的唐闸实业公立艺徒预教小学，建筑面积1354平方米，建筑风格中西合璧。

大生纱厂是中国近代民族工业发展史上的代表性企业，是近代爱国者艰难探索实业救国道路的一个历史缩影，也是南通近代化发展的核心企业，以它为母体直接派生了69个近代企事业。经济学家许涤新曾指出："以大生纱厂为核心的这个资本集团，在旧中国的民族资本中，具有一个使人注目的地位。"大生纱厂的成功创立奠定了南通成为"中国近代第一城"的基础。

南通天宁寺

全国重点文物保护单位
公布批次（时间）：第六批（2006年5月）
地址：崇川区中学堂街 11 号

南通天宁寺始建于唐咸通四年（863年）。据康熙《通州志》记载，天宁寺为"唐咸通中，僧藻焕堂建。旧名光孝，天顺元年，僧法恩奏改今名"。又据乾隆《直隶通州志》记载，"寺有光孝塔五级，后有毗卢阁。宋咸淳中，郡人管某建，僧法恩募捐"。北宋政和年间（1111~1118年），原在城西的奉贤寺与天宁寺合并营建，改称天宁报恩光孝寺，宋徽宗赵佶御笔题写"大雄之殿"，被奉为通州九大寺之首，进而被誉为"一州之伟观"。至明宣德年初，天宁寺仅存大殿、金刚殿、山门等，明正统、天顺、万历、天启年间整修了光孝塔、大殿、山门，兴建了圆通殿、轮藏殿、醇零楼等。清康熙四十五年（1706年），天宁寺实行丛林制，有田万亩，盛极一时。至清乾隆年间，天宁寺始分四贤祠、光孝塔院、大意堂、祖师殿、水神殿、藏经楼、毗卢阁共七房。清光绪三十四年（1908年），天宁寺毗卢阁、四贤祠、藏经楼、万寿宫、地藏殿、轮藏殿、光孝塔院，因兴办教育，改为小学和中学，天宁寺原七房之藏经楼、四贤祠分别迁至望江楼、西武庙。"文化大革命"期间，天宁寺被占用，受到一定程度破坏。1990年大修，并于1991年上半年正式对外开放。现有房屋20余幢，占地4000多平方米，山门悬有中国佛教协会原会长赵朴初先生题"天宁禅寺"匾。

天宁寺的一大特色是主体建筑——大雄之殿，其形制和木构均为宋式，重要构件为宋代遗存。其中六根内柱是采用"包镶法"制成的木质十二瓣棱瓜楞柱（亦称脊瓜柱），底部为覆盆式石柱础。国内仅有两处木质瓣形柱实物遗存，另一处在建于北宋大中祥符六年（1013年）的宁波保国寺，这对研究宋式木构建筑具有重要参考价值。寺内光孝塔是南通市区三塔中最年长者。南通素有"先有塔，后有城，前人就塔建城"之说。当地有民谣云："通州三座塔，角分四六八；两塔平地起，一塔云中插。"光孝塔是平地起的八角塔，塔高30米，砖木混合结构，五层飞檐八翘角，每层各有四门，底层须弥座上的十六方瑞兽石刻浮雕为宋代原物，塔顶置有闪闪发光的宝珠，是南通建造最早且造型挺秀玲珑之塔。

南通天宁寺是南通至今保存较为完整的一座佛教古刹，也是南通建城的依托，具有深厚的文化内涵和较高的历史价值。

展痕处处 余音袅袅 | 南通文物保护单位

青墩遗址

全国重点文物保护单位
公布批次（时间）：第六批（2006年5月）
地址：海安市南莫镇青墩村

  青墩遗址分布面积约7万平方米，是江淮东部面积最大、文化层堆积最厚，且保存最完好的新石器时代遗址，具有重要的历史、艺术和科学价值。

  青墩遗址发现于1973年，南通博物苑和南京博物院于1977年、1978年、1979年先后进行过三次考古发掘，发掘面积计515平方米，不足遗址面积的1%。南京博物院编写的《江苏海安青墩遗址发掘报告》发表于《考古学报》1983年第2期。

  青墩文化遗存大体可分为三期。第一期、第二期文化遗迹和文化遗物十分丰富，具有明显的江淮地域文化特征，代表了一个新的考古学文化类型；第三期遗存既有江淮地区的文化特征，又有江南早期良渚文化和淮北大汶口文化特征。三期文化遗存序列完整，基本反映了江淮东部原始文化的发展轨迹。经碳十四测定，下文化层距今5035±85年（树轮

校正值 5645±110 年），中文化层距今 5015±85 年（树轮校正值 6525±110 年）。经考古学研究，三期的年代大致相当于江南崧泽文化早期至良渚文化早期。

青墩遗址中发现了江淮东部年代最早、保存最完好的干栏式建筑，这是我国迄今发现最北的干栏式建筑。青墩遗址出土的大量文化遗物具有极高的文物考古和科研价值。如，遗址中出土了大量炭化稻，这是继河姆渡之后的又一重要发现，证实了水稻源于中国，对于研究我国稻作农业起源有着重要意义。遗址中发现了保存完好的氏族墓地，并出土了大量文化面貌独特的玉器、石器、陶器、骨角器等文化遗物，其中最著名的有带柄陶斧、"八卦纹"鹿角等。带柄陶斧揭晓了古代石斧如何装柄的历史悬案，在学术界引起较大反响，被定为一级文物；刻画原始"八卦纹"的鹿角被专家公认为我国最早的易卦研究资料；陶器上的五等分圆代表了原始社会几何图形的最高水平。

2019 年，当地政府在遗址附近建成了海安青墩遗址博物馆。

广教禅寺

全国重点文物保护单位
公布批次（时间）：第七批（2013年3月）
地址：崇川区狼山

广教禅寺地处万里长江入海口北畔，依狼山而建，山顶最高处海拔101米。据《明刻通州狼五山志》记载，唐总章二年（669年），郡人姚彦章、僧智幻筹建大雄殿、藏经楼，大悲、宝藏二殿，并山门、方丈室，山顶浮屠五级，名"支云塔"。其时狼五山俱在海中，用舟以济，其寺为"慈航院"。后周显德五年（958年），改名"广教禅寺"。

广教禅寺现存的三大明清建筑群，虽分布在山下、山腰、山顶，但又相互呼应，浑然一体，从空中俯瞰就像一条龙。山下天王殿为洞开的龙口，一对石狮为两只龙眼，大雄宝殿为龙头，两侧的大悲殿、宝藏殿为龙的两只椅角，山腰的建筑乃是伸展的龙爪，贯穿上下的弯曲山道就是虬曲的龙身，山顶建筑群则是龙的后身，而支云塔乃是甩入云霄的龙尾。这三大建筑群独到的建筑布局和精美的建筑艺术，令人叹为观止。

山脚为紫琅禅院，是广教禅寺最大最古老的建筑群。凌空翘楚的虬檐飞拱，金碧辉煌的楼台殿阁，错落有致的屋宇僧舍，疏密相间的布局结构，构成一座瑰奇的千年古刹。20世纪80年代，南通市人民政府在中国佛教协会原会长赵朴初的支持下，将紫琅禅院中的大雄宝殿改作法乳堂，供奉南通籍画家范曾创绘、北京工艺美术制品厂烧制的历代十八高僧壁画，赵朴初题楹联："一堂都圣哲，万派尽朝宗。"

山腰南坡为葵竹山房，始建于明嘉靖三十二年（1553年），是一座深邃幽静、古色古香的四合院，曾是供奉范文正、胡安定、岳武穆、文天祥之祠。东屋名塔荫堂，南屋称一枝栖，西屋谓退藏精舍，北屋向上曰法苑竹林，组成四合院。葵竹山房以其独特风采被载入《江南园林志》。

山顶支云塔院是广教禅寺的主体建筑群，以中轴线排列分布。从山顶大观台拾级而上，一进为头山门，系五架梁前后廊三开间歇山建筑，明嘉靖十八年（1539年）由通州同知舒缨所建。竖匾"第一山"为宋代著名书法家米芾题，门柱楹联"长啸一声山鸣谷应，举头四顾海阔天空"，由清道光年间通州知州平翰书。二进为二山门，系六架梁前后双步无前廊有后廊三开间建筑，其匾额"更上一层"为清嘉庆通州知州唐仲冕书题。三进为萃景楼，七架梁三开间重楼后附戏台，歇山顶。此楼建于明代，1956年修缮，保持明代风格。明代古戏台建在庙内，保存如此完好，实属少见。四进为圆通宝殿，初建于北宋太平兴国年间（976~984年），供奉"西方三圣"之一大势至菩萨。五进为支云塔，五级四面楼阁式砖木结构方塔。初建于唐总章二年（669年）。北宋太平兴国年间重修支云塔，并有舍利宝物葬于下基，用巨木三根为塔心柱。1984年大修，保持宋塔风格。六进为大圣殿，建于宋代，明成化十八年（1482年）、清乾隆五十三年（1788年）两次重修，供奉大圣菩萨——狼山广教寺开山祖师僧伽大师。

广教禅寺三大明清建筑群依山取势，辟坡而建，朝阳而筑，古朴庄严，色调和谐，将自然美与建筑美融为一体。不仅造型精致，而且室内采光充分，冬暖夏凉，是佛教"庄严国土，利乐有情"优良传统的佳作。无论从哲学、光学、美学、佛学、建筑学来看，它都是明清寺庙的精品。

| 履痕处处　余音袅袅 | 南通文物保护单位 |

如皋公立简易师范学堂旧址

全国重点文物保护单位
公布批次（时间）：第七批（2013年3月）
地址：如皋市如城街道学宫路1号

  如皋公立简易师范学堂由清代进士、翰林院编修（后为江苏省议长）沙元炳，在其老师张之洞支持下，于清光绪二十八年（1902年）创办，是我国最早的公立师范学堂。"师范学堂"四字系清光绪三十四年（1906年）清廷大臣郑孝胥来校时所题，"如皋"二字系张謇亲笔。1905年定名"如皋初级师范兼附属高等小学堂"，1912年更名"如皋县立师范学校"，1921年起改为省属，2005年升格为"如皋高等师范学校"，现为南通师范高等专科学校如皋校区。120年来，学堂保持原址、原貌、原办学方向不变，被誉为"中国师范教育的活化石"。

  学堂建筑以日本弘文学院校舍为摹本，以中国传统书院风格为主调，整体布局采取庭院式设计，重规范而有个性。单体建筑均为木柱石基、红窗朱格，青砖黛瓦，九脊单檐，磨方青砖，中为甬道，偏为厢房，前后走廊，环式斗拱，廊腰缦绕，凭栏相接，曲折有致。初建时，为中、东、西三路四进，面南背北。各路东西两侧均有围墙，围墙之间形成巷道。现存中、东两路。中路建筑为四进院落，最南端一进为大门，大门外一对石狮。门房为清水砖墙尖山式硬山建筑，进深七架梁，檐高4.5米。结构为四界穿斗前后札牵，南北均设檐廊，顶棚做工精美，贡式卷棚轩上雕刻有古朴的荷叶墩，月梁做工细致，室内青砖铺地。第一进建筑为五间七架梁。第二进建筑面阔亦五间，两侧设火巷通向后院。第三进建筑形制基本同第一进。第二、三进建筑的山墙特色鲜明，是改进之后的徽派马头墙。中路建筑现为校史馆，藏有学堂创始人沙元炳《志颐堂诗文集》六卷木刻本和清光绪、宣统年间学堂修业文凭等珍贵文物。东路建筑由两进园林式院落三座建筑组成。位于南侧的八间倒座为硬山建筑，清水山墙。1926年，中国共产党江苏省第二代用师范支部委员会曾在该建筑中成立。中、东两路建筑之间的长巷南北，分别设置了两处风雨骑廊。巷道南端封闭，上嵌精美砖刻。我国著名古建筑园林艺术学家陈从周、文保专家戚德耀来校高度评价，一致认为是"我国学校中保留原有风貌唯一完好的物质文化遗存"。

  恬恬泮水，巍巍学宫，吾校位其东。
  经义治事，安定遗风，体用贵兼通。
  旧学沉沦，新思潮涌，两端执乎中。
  奠定家邦，化育童冢，责任在吾躬。

  难能可贵的是，这首校歌的歌词为学生集体创作，一唱便是120年。

韩公馆

全国重点文物保护单位
公布批次（时间）：第七批（2013年3月）
地址：海安市宁海北路58-8号

韩公馆是韩国钧先生的故居。韩国钧（1857~1942年），字紫石，亦字止石，晚号止叟，江苏省扬州府泰州海安镇（今江苏海安）人，历任安徽巡按使、江苏省省长等职。抗战期间，韩国钧受我党抗日民族统一战线感召，主张"团结对外，扫荡敌氛"。之后，身陷敌围，拒绝担任敌伪"江苏省长"之职，坚持晚节，在软禁中忧愤而逝。

韩公馆建于清光绪三十二年（1906年），占地8500平方米，青砖小瓦，穿堂四进，厅庑廊轩齐全，火巷回廊具备，是一组保存完好的晚清建筑。主体建筑从南到北正落四进，围墙、厅廊、庑轩连为一体。檐饰有精美砖雕35幅，内容为吉祥图案、人物故事等。后花园火车车厢式小花厅吸收西方建筑艺术风格，每窗三层，室内铺进口琉璃地砖，墙体用进口木心板拼成，精致坚固，玲珑秀巧。整个建筑群历经百余年保存完好，集高深古奥、精巧华丽于一身，具有较高的艺术欣赏价值。

1940年新四军东进后，"联合抗日座谈会"于当年9月在韩国钧故居火车车厢式小花厅召开，刘少奇、陈毅等领导人曾多次前来拜会韩国钧。

中华人民共和国成立后，韩公馆一直由政府机关使用，因而保存完好。1988年，韩公馆被辟为海安县博物馆。2019年，当地政府在韩公馆东侧新建了海安市博物馆新馆。

通崇海泰总商会大楼

全国重点文物保护单位
公布批次（时间）：第七批（2013年3月）
地址：崇川区桃坞路44号

张謇的哥哥张詧于1902年组织成立南通州商务总会，这与同年盛宣怀饬令建成的上海商业会议公所，为中国最早的两家商会。通州商会先后在城中大圣桥旁、寺街武胜巷办公。1913年，通崇海泰总商会正式成立，会址选在南通城内柳家巷15号，会员达数万人。1920年，择南通城南桃坞路，由孙支厦（中国近代最早的建筑师之一）设计，建成通崇海泰总商会大楼，是"南通——中国近代第一城"代表性建筑。

大楼占地2.6公顷，建筑面积4707平方米，坐北朝南，砖木结构，气势雄伟庄重，线条明快流畅。正中部是罗马式穹隆顶，以门廊、大厅、会议厅为中轴，两侧各有一座院落环绕对称，并有回廊与前后廊相通，廊外侧立砖柱筑连拱，四周为办公与辅助用房。门廊南北两边罗马式立柱高近10米，东西两边是供残障人士进出的斜坡。这座有着欧洲古典主义风格的建筑，作为吸收西方建筑艺术的典范和中国近代优秀建筑，分别载入《中国建筑史》和《20世纪中国建筑》。

南通大生第三纺织公司旧址

全国重点文物保护单位
公布批次（时间）：第七批（2013年3月）
地址：海门区中华中路201号

南通大生第三纺织公司旧址现存的钟楼、总办事处、原棉仓库等均为西式或中西合璧建筑，是体现近代中国民族资本引进西方工业文明和科学文化的实物见证，亦是研究中国民族工业发展史的活标本。

1913年，张謇选址海门常乐镇南湾筹办大生第三纺纱厂。至1916年，共购地41.4公顷，分为厂基与市基两部分。厂基用于厂区建设，包括车间、仓库、办公楼等；市基则建设工厂的配套设施，包括职工住房和集市等，为三厂镇的兴起打下了基础。因受第一次世界大战影响，机器不能按期交货，土建亦延至1919年，南通大生第三纺织公司（亦称大生三厂）于1921年竣工投产。为解决企业锅炉用水、煤炭、原料装运，于青龙港建会云闸一座，并铺设三厂至青龙港轻便铁路5.5千米。大生三厂建厂至今，一直在原址进行生产经营，现存的钟楼、总办事处、原棉仓库等历史建筑，仍保留着原有的使用功能。

钟楼是大生三厂的标志，建于1919年，坐北朝南，前面原是厂河，现已改为公路。楼高约25米，平面呈长方形，高五层，中间为拱顶通道，两侧为辅房。第五层为钟室，四面有钟盘。大钟是当年原物，现仍运转正常。钟楼内部为砖木结构，每层铺以地板，有木梯通达顶层平台。百余年来，钟楼总体结构与风貌未变。2001年，厂部对钟楼进行了大修，再现初建时原貌，内部布置了厂史展览。

总办事处俗称公事厅，建于1919年，位于钟楼东北侧，与钟楼仅隔厂区大道，坐北朝南，是一座中西合璧的四合院。前后二进，东西两侧有回廊相连，中为天井。第一进为砖木结构中式平房，面阔九间。中间是总办事处大门，上方有张謇手书"总办事处"四字，两侧为罗马式立柱。第二进为办公楼，是一幢二层西式楼房，砖混结构，面阔九间，前有走廊，彩色瓷砖铺地。天井及大门前种植兰、桂、罗汉松等名贵花木。

原棉仓库位于钟楼西北侧，距钟楼约100米，是一幢四进仓储式建筑，高大宽敞，南北长122米，东西宽32.5米。仓库为砖混墙面，木结构梁架，每进有天井相隔，天井兼作露天货栈，每个天井建有消防水池二方。仓库两侧均设通道，为运输和消防用。天井两侧各辟一门与通道相连。

总办事处

第二章

江苏省文物保护单位

太平兴国教寺大殿

江苏省文物保护单位
公布批次（时间）：第一、二批重新公布（1982年3月）
地址：崇川区启秀路15号

太平兴国教寺俗称东寺，始建于南宋乾道二年（1166年），元至正十四年（1354年）毁于火灾，明洪武四年（1371年）重建。据镶嵌在大殿西墙的碑石记载，这座寺庙原来还有地藏殿、金刚殿、朝宫殿等建筑，如今已不复存在。

山门朝东，院内保存着古银杏一株。大殿是歇山建筑，面阔三间16米，进深七檩13.5米，高11米。明间四金柱敦实粗壮，下置浅浮雕覆盆式柱础，后两柱环抱小圆木一周，成瓜棱形，富有南方建筑特色。梁架多加雕饰，呈虹梁紫柱之奇。除三架梁外，前额枋上置凤形拱三朵，形态各异，雕刻精巧，堪称古建筑工艺佳作。从大殿的斗拱造型，梁柱的形态，以及雕饰花纹较为繁缛等情况看，当是明初建筑；而就柱础看，有浅浮雕，有古镜式，有石鼓形，说明大殿曾历经宋、元、明、清各代。

东寺西边的南大街原有一座石桥，名望仙桥，为"通州八景"第八景"仙桥云影"。传说当时有一位叫燕幻的道人曾住东寺，后其真实身份被一位住在东寺旁的朱姓差人识破。在州官大人前来拜访时，燕幻道人于桥上腾空而起，飞上云天。这座石桥由此得名望仙桥。

抚台平倭碑

江苏省文物保护单位
公布批次（时间）：第一、二批重新公布（1982年3月）
地址：崇川区狼山山道旁

抚台平倭碑，全名抚台李公平倭碑，立于明嘉靖三十九年（1560年）。碑文记载了江北抗倭统帅李遂的功绩，反映了苏北地区抗倭斗争的史实。

嘉靖年间，倭寇大举入侵江北，明朝政府军腐败无能，通泰地区人民的生命财产受到严重破坏。嘉靖三十六年（1557年），巡抚都御史李遂被任命为江北抗倭战场上的统帅。他招练乡兵，整顿军队，筑城垣，造舰船，为御倭做好准备。嘉靖三十八年（1559年）四月，倭寇万余人、战船数百艘图犯扬州。李遂调山东、徐淮一带训练有素的军队进驻军事要冲泰州，并命令海防部队堵截倭寇西进道路，把倭寇逼至泰州以北，先后在淮安姚家荡和海滨庙湾予以围歼，在西场镇、白驹镇等地全歼余寇，取得苏北抗倭战场上的全胜。

狼山的抚台平倭碑与海安的平倭塚记碑遥相呼应，反映了明代苏北军民反抗侵略、抵御外侮的史实，具有重要的历史价值。

曹顶墓

江苏省文物保护单位
公布批次（时间）：第一、二批重新公布（1982年3月）
地址：崇川区城山路与世纪大道交界处东北侧

曹顶（1513~1557年），通州余西人，盐工出身。明代中叶，沿海一带经常受到倭寇侵扰。明嘉靖三十三年（1554年），曹顶应募入伍，先后参加江中水战、通州保卫战、单家店（今通州区平潮镇）追击战等重要战斗，每次战斗都奋勇当先，虽受伤数十处皆不退却，朝廷论功行赏，亦不愿居功要官，深受军民爱戴。嘉靖三十六年（1557年），倭寇再犯通州，曹顶携守军与倭寇在城北五十里作战，乘胜追击至单家店，因雨天泥泞，战马失足，壮烈牺牲，时年44岁。

曹顶墓的始建时间，未见记载。明万历丙辰（1616年）王扬德纂《明刻通州狼五山志》卷一《古迹篇》记述："按州南阖发轫逾六七里一烟墩再里许有观音堂，旁有勇士曹鼎未寅墓。"康熙《通州志》记载："曹义勇墓在狼山东路。"表明曹顶墓清初已是通州名墓。

曹顶墓北侧原有曹公祠。1919~1921年，张謇拓宽城山路，大修曹公祠和曹顶墓，原在路旁的曹顶墓被置于公路中央，路分两道分别从曹顶墓东西两侧通过。曹顶墓原为土冢，后改垒台为方石台，呈等腰梯形。墓上塑2.5米高的曹顶像。张謇亲撰《重修曹公祠碑》，并题曹公祠联"匹夫犹耻国非国，百世以为公可公"，曹顶墓联"北郭留名单家店，南山增气曹公坟"。

20世纪60年代，修城山路时拆除曹公祠，唯留下祠前两棵银杏和曹顶墓。2008年，拓宽后的城山路由曹顶墓西侧通过，原曹顶墓东侧道路连同原曹公祠遗址地块建成墓园，墓前新建纪念石坊"功垂江海"。2017年，当地政府在曹顶墓西北海港引河北侧辟地10公顷建成曹顶纪念公园。

曹顶墓作为南通诸多反映曹顶史迹的历史遗存，数百年来历经沧桑，流传有绪，具有重要的历史价值。

苏北第一届参政会会址

江苏省文物保护单位
公布批次（时间）：第一、二批重新公布（1982年3月）
地址：海安市中大街16号

　　苏北第一届参政会会址前身为佛庵，1936年辟为海安中山堂。抬梁式砖木结构，屋顶五脊，门窗略具西式风格，盖小瓦，南檐墙下部为青砖所砌，上部为嵌玻璃隔扇。整个建筑保持了佛庵时的基本结构，亦未改第一届参政会召开时的风貌。

　　1940年10月，黄桥决战胜利后，苏北形势起了根本变化。为团结各阶层人士共同抗日，建立苏北抗日联合政权，在陈毅同志领导下，于1940年11月15日在海安中山堂召开苏北临时参政会（又称苏北第一届参政会）。江都、高邮、泰州、扬中、泰兴、靖江、如皋、南通、海门、崇明、丹阳、东台、盐城、兴化等14个县推荐的代表380人参会。会上，管文蔚同志代表苏北临时行政委员会作了关于《施政纲要》的报告。会议讨论了团结抗战，实行"二五"减租，建立抗日民主根据地等重大问题。会议选举黄逸峰为议长，朱克靖、朱履先为副议长，并公推韩国钧为名誉议长，任命管文蔚为苏北临时行政委员会主任。会议结束前，刘少奇同志和陈毅同志到会接见了与会代表，并先后演讲。

　　苏北临时参政会是中国共产党领导下实行抗日民族统一战线的一种组织形式，受到广大人民群众的拥护与支持。会后，苏北抗日民主根据地各县都先后成立"参政会"，建设"三三制"政权，开展"二五"减租，团结友军共同抗日，对争取苏北地区民族斗争的彻底胜利起到了重要作用。

　　2021年，海安市委、市政府斥资500多万元对苏北第一届参政会会址实施了环境提升工程，布置陈列了"红旗十月满天飞"专题展览对公众免费开放。

平倭塚记碑

江苏省文物保护单位
公布批次（时间）：第三批（1982年3月）
地址：海安市西场镇中心街2组西场镇文化站院内

平倭塚记碑为明嘉靖三十九年（1560年）如皋知县童蒙吉所立，碑文主要记载了嘉靖三十八年（1559年）夏浙江海防兵备副使刘景韶在西场（现海安市西场镇，明代西场属如皋管辖）剿倭的功绩。

嘉靖三十八年，刘景韶在西场东郊设伏剿倭，围敌三昼夜，斩1527人，俘15人，民众将敌尸聚埋成"倭塚"。嘉靖三十九年，童蒙吉刻"平倭塚记碑"立于塚前。碑高196厘米，宽88厘米；碑基高36厘米，宽92厘米。碑文26行，每行45字，正书。碑额题"刘公平倭塚记"，二行，篆书，双鹤祥云纹饰，碑四周饰连续忍冬纹。清代，市民将碑移至惠民寺。1941年冬，惠民寺毁于火灾，里人仲贞子嘱寺僧将碑埋于土中保存。1949年后，依次为区政府、文化站、西场饭店等单位所保护。1977年，海安县文化局将碑移至现址。

平倭塚记碑是中国人民不畏强暴、爱国抗敌、捍卫民族尊严的雄辩见证。保存此碑，供人瞻仰，对于鼓励后人缅怀先贤，弘扬民族正气，激发爱国情怀，投身国家建设，具有深远的历史意义和强有力的现实作用。

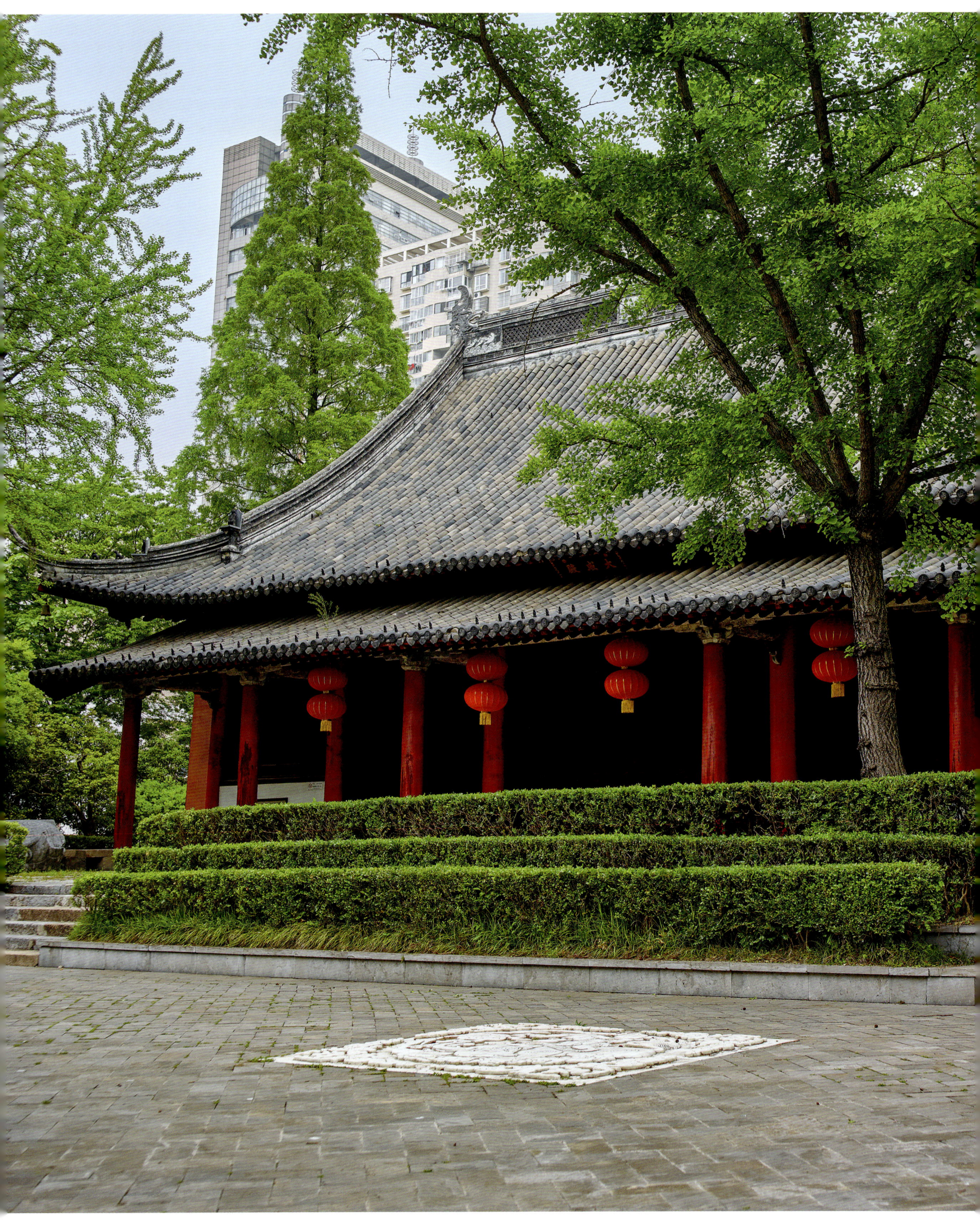

文庙大成殿

江苏省文物保护单位
公布批次（时间）：第三批（1982年3月）
地址：如皋市如城街道孔庙社区如皋师范附属小学内

文庙大成殿始建于南唐保大十年（952年），后多次迁建，于明嘉靖十九年（1540年）迁至现址，是如皋文庙建筑群中唯一幸存的大型古建筑。

文庙大成殿面阔五间23米，进深18米，脊高13米，上盖为九脊单檐。殿内有直径80厘米的楠木圆柱30根，柱下置覆盆式莲花柱础，接近宋式。梁枋绘有彩画，为清代匠人绘制，画面丰富，用笔简练，色彩斑斓。殿内现存清乾隆皇帝御笔亲书"至圣集贤"金匾及沙元炳、姜任修的"太史"匾等六块，具有较高历史价值。

据史料记载，明清两代，如皋文庙先后进行过60多次修缮、扩建，形成了规模宏大的建筑群。据清乾隆六十年（1795年）绘制的《如皋学宫图》描绘，大成殿前有回廊、月台，四周绕以青石雕栏。东、西两厢为东庑、西庑，是供奉先贤、先儒的地方。前有戟门，门前立戟，以示庄严。戟门东是名宦祠，西是乡贤祠。乡贤祠西为教谕署，教谕署北为训导署。戟门前是棂星门，门两侧分别竖"文官下轿""武官下马"石碑。棂星门东为儒学门，内建奎光楼，专供藏书之用。奎光楼北有敬一亭、忠孝祠。文庙大门东侧竖崇正学牌坊，西侧竖育真才牌坊。牌坊外侧分别是东云路巷和西云路巷。每条巷的两端建有牌楼。文庙大门前凿有泮池，池东架文定桥，池西架武定桥。大成殿后是明伦堂，明伦堂后是尊经阁、崇圣祠。学宫四周围以648米宫墙。整个文庙建筑结构之严整，设置之完善，规模之恢宏，名甲江淮。

1930年后，如皋文庙改建为县立实验小学。原来的文庙仅存一座大成殿，现与如皋师范附属小学融为一体，成为青少年敬仰先儒、尊师好学的一方圣地。

丁古角明代住宅

江苏省文物保护单位
公布批次（时间）：第三批（1982年3月）
地址：崇川区八仙城商业区

丁古角明代住宅现仅存平房三间，面阔13米，进深7米。平房坐北朝南，明间前后有廊，是一座七架穿斗式硬山建筑。在木构件中，除抱头梁为清中期式样外，其余均为明代式样。月梁扁作弓形，两头较细有卷刹，并刻以两弯双曲线，下端与丁头拱相连。柱头亦均有卷刹，上置柱头斗拱。丁华抹颏拱雕刻精细，刻纹为卷云式花草，壁眼拱仅以双线勾勒边沿。明间额枋每面均刻饰单卷如意头、方胜四瓣纹、百结花草等，饰纹古朴雅洁，具有北方建筑风格。康熙《通州志》载，宋侍郎崔敦诗故宅在崔家桥，后为季姓居住。崔家桥位于原丁古角巷，经专家认定，季宅即为此明代住宅。

丁古角明代住宅原在南通城区丁古角巷北段西侧，1998年因旧城改造迁建到八仙城内玄妙观玉皇楼南侧现址，使用原建筑构件和建造工艺，保留了历史原貌。

关帝庙巷明清住宅

江苏省文物保护单位
公布批次（时间）：第三批（1982年3月）
地址：崇川区西南营历史文化街区南关帝庙巷

　　南通老城区西南隅南关帝庙巷十一号（东院）、十号（西院）两处住宅，两院相通，实为一体。这处建筑群占地约3000平方米，曾为清光绪年间海门厅同知王宾（字雁臣）住宅，民间俗称"海门府"，是南通古代民居的典范。

　　两院均为五进建筑，坐北朝南，明间以南向北可直达第五进。东院纵轴线建筑偏西，其东南有客堂和拐角二层楼，将坐落在东南角的南关帝庙大殿隔开。东北原有小花园一座，20世纪30年代初被新主废去，改建成小院落。西院每进天井宽敞，东西两边砌以高墙，每座天井均设门与东西厢房沟通，布局紧凑。西厢房在整个建筑群的西北边，其南有坐北朝南小舍三排。

　　这一建筑群具有明清时期的建筑特征。其中东、西两院的第四进都完好保存了明代后期的梁架结构。这是两座七架硬山建筑，面阔三间，前后有廊，月梁扁作弓形，枋木断面窄长方形，梁枋雕饰清素，柱头上置斗拱，柱下安鼓形柱础，梁头以丁头拱承托。东院第二进厅堂，面阔三间，前设卷棚式通廊，月梁、斗拱、替木雕饰精细繁缛，用材系楠木，坚固粗壮，是保持原状的清代中期建筑。

　　王宾当年积极支持张謇实业、教育救国，在海门办了许多实事。清宣统元年（1909年）去世后，张謇撰书挽联，亲往悼念，予以很高评价。

高凤英烈士墓

江苏省文物保护单位
公布批次（时间）：第四批（1995年4月）
地址：海安市南莫镇张东村2组

高凤英（1925~1947年），女，1944年参加革命，1947年1月14日牺牲。

1944年，海安人民在中国共产党领导下开展轰轰烈烈的减租减息运动，高凤英积极参加党领导下的各项活动，被选为双堡乡妇女主任，并于1946年5月加入中国共产党。1946年7月，国民党军进攻苏中解放区，斗争形势日益严峻。中共紫石县姜北区委召开区、乡干部紧急会议，决定拿起枪杆，开展游击战争，保卫胜利果实。高凤英坚决要求参加区游击队，成为区队唯一的女战士。高凤英立场坚定，勇敢无畏，又出身渔民，娴熟水性，在多次战斗中不是冲在最前打击敌人，就是留到最后掩护战友。1947年1月，高凤英在参加伏击姜堰之敌的战斗中腿部受伤，被安置在老乡家中养伤。后因叛徒告密被捕，受尽酷刑，坚贞不屈，英勇就义。1947年3月，延安《解放日报》在纪念"三八"妇女节的社论中号召："我们要学习苏中高凤英和晋绥刘胡兰的光荣范例，领导广大妇女同敌人作誓死不屈的斗争。"

高凤英牺牲后，紫石县双堡乡群众将她安葬在紫石县唐青乡高家垛（今海安市南莫镇高垛村）。1965年4月，因农田水利建设，海安县沙岗乡政府将高凤英烈士墓迁于沙岗乡张东村二组（现南莫镇张东村二组）的烈士公墓。该烈士公墓建于1944年，安葬着回香庵战斗中牺牲的350多名烈士。

苏中七战七捷纪念碑

江苏省文物保护单位
公布批次（时间）：第四批（1995年4月）
地址：海安市长江中路街68号

1946年夏，在粟裕、谭震林的指挥下，华东野战军以3万兵力迎击国民党12万正规军的大举进犯，一个半月时间内七战七捷，歼敌53000余人，缴获各种枪支14000余支，这就是驰名中外的"苏中七战七捷"。1986年，南京军区、中共江苏省委、省人民政府为纪念苏中七战七捷40周年，在江苏海安修建了苏中七战七捷纪念碑。

纪念碑主体为一座高27米的古铜式"刺刀"，用墨绿色花岗岩砌成，其造型别具一格，堪称一绝。"苏中七战七捷纪念碑"九个大字由姬鹏飞题写。碑前开阔地由中空形水泥方块铺成，天鹅绒草皮栽植其中，代表苏中地区为平原地带。碑体四周有7个几何形坑穴，寓指我军指战员在广袤平原上留下的7处足迹。紧靠碑身四周是高低不平的喷沙地段，寓指我军指战员走过的崎岖坎坷的道路。递第踏高的石阶和7条錾假石挡土墙，寓指我军从胜利走向又一个胜利。727字碑文镌刻在弧形碑墙上，寓指我党我军翻开了中国革命战斗新的一页，人民解放战争从此开始。围绕碑墙有4盏控照灯、2盏射灯、14盏庭院灯，夜间可分别照射碑文和"刺刀"，使它放出耀眼光芒。

整个纪念碑如一幅美丽画卷，是现代建筑风格的艺术品，曾获全国建筑设计优秀奖，具有较高艺术价值。

題名坡

狼山天祚崖题刻

江苏省文物保护单位
公布批次（时间）：第四批（1995年4月）
地址：崇川区狼山北麓

　　狼山天祚崖题刻又称题名坡。"题名坡"三字为张謇题书，因石坡存有五代天祚三年（937年）姚存的题刻及宋代、清代一些地方人士的题刻而得名。

　　姚存的生卒年不详。公元10世纪初，姚存受浙西节度派遣，北渡长江到达江海平原胡逗洲、东洲一带，控制了长江口北岸，统管静海、东洲的军政要务。天祚三年（937年），吴国国主杨溥封徐知诰为齐王。姚存去西都（今南京）朝觐，表示对齐王的拥戴并服从节制。齐王遂确认姚存为东洲静海都镇遏使。姚存上西都朝贺后，乘舟回到静海，系舟于狼山脚下江面（当时狼山还在江中），在狼山石崖上题刻以下文字："天祚三年□月十四日东洲静海都镇遏使姚存上西都朝觐回到此。"这是现存关于静海、东洲及姚存的最早文字记载，是研究南通地方史的重要文物。

　　题名坡上还有宋提刑薛球、太守臧师颜题名，熙宁癸丑（1073年）蒋之奇题名，绍熙癸丑（1193年）赵师睪题名，淳祐甲辰（1244年）杨公瑜题名，淳熙丁未（1187年）僧智显题名，明嘉靖十五年（1536年）残刻及清光绪年间徐乃昌题名等石刻15处，为狼山石刻最密集之处。其中，淳祐甲辰题名记载了当时通州城毁于兵灾的历史，淳熙丁未题刻《易路诗》记载了狼山和剑山接陆的初步状况。

钟楼　谯楼

江苏省文物保护单位
公布批次（时间）：第五批（2002年10月）
地址：崇川区十字街北侧

钟楼、谯楼位于南通老城市中心东、西、南大街交汇处，是历代州府及地方政府机关所在地。

谯楼，亦称星枢楼，初建于元至正九年（1349年），明洪武三年（1370年）重建，五开间抬梁式九脊顶歇山建筑，庄重古朴，是中国传统殿堂建筑的经典之作。谯楼西侧内墙镶有清道光年间知州周焘撰、书法家李芳梅书《星枢楼记》碑，前后门分别置有王世襄手书"谯楼"、费孝通手书"星枢楼"匾额。

钟楼由张謇倡导，孙支厦设计，建于1914年，北接谯楼，六层，高22.6米，为当时南通城最高的建筑。钟楼采用西洋古典建筑式样——纵向与横向分段处理的手法，圆形窗洞，安装反映新技术成就的巨型时钟，运用金属新材料制作方尖顶，这在中国近代建筑史上具有典型意义。钟楼第三层外壁南向有张謇手书"南通县"刻石，两边有张謇手书楹联"畴昔是州今是县，江淮之委海之端"刻石，不仅点明了南通的地理位置，还准确表述了南通由封建州治向资本主义工商业城市的历史性转变。

钟楼、谯楼两座中、西体态各异的建筑紧密相连，是清末民初特定历史时期的产物，这种具有象征意义的建筑组合全国罕见。钟楼、谯楼是南通城市发展史的见证，也是"南通——中国近代第一城"标志性建筑。

张謇行书七言联　南通博物苑藏

沈寿墓

江苏省文物保护单位
公布批次（时间）：第五批（2002年10月）
地址：崇川区马鞍山东南麓

沈寿（1874~1921年），初名云芝，字雪宧，因献绣品贺慈禧寿而赐名寿，苏州吴县人，南通仿真绣（沈绣）创始人。作为苏绣的一个分支，南通仿真绣继承了传统苏绣技艺，体现了苏绣平、齐、光、亮等工整细腻的特点，同时又形成了南通仿真绣细、薄、匀、净的独特风格，2008年入选第二批国家级非物质文化遗产名录。

1904年11月，沈寿由清政府派往日本考察刺绣和图画教学。1905年回国后，清政府在农工商部下新设女子绣工科，任命沈寿为总教习。1914年，南通女红传习所成立，沈寿应张謇聘请来通主持，"授绣八年，勤诲无倦"，培养众多人才，为南通近代刺绣工艺发展打了下基础。1915年，沈寿刺绣作品《耶稣像》参加美国旧金山"巴拿马－太平洋国际博览会"，获"一等大奖"。在生命的晚期，沈寿口述，张謇执笔，完成《雪宧绣谱》，这是我国第一部系统总结苏绣艺术的专著。

1921年6月18日，年仅48岁的沈寿不幸病逝，安葬于马鞍山东南麓。沈寿墓在"文革"期间被毁，1977年原地复建，为衣冠冢。沈寿墓占地约80平方米，面向东南，墓前立6米高石牌坊，门额上镌张謇楷书"世界美术家吴县沈女士之墓阙"。碑的阳面刻张謇书撰《世界美术家吴县沈女士灵表》，阴面镌沈寿遗像。碑后辟半圆通道，以石驳围护。从石牌坊至墓穴铺设2.2米宽石板甬道，甬道两边种植黄杨球。沈寿墓经数次修缮，保存完好，墓地绿草茵茵，墓区柏树成荫，环境幽静。

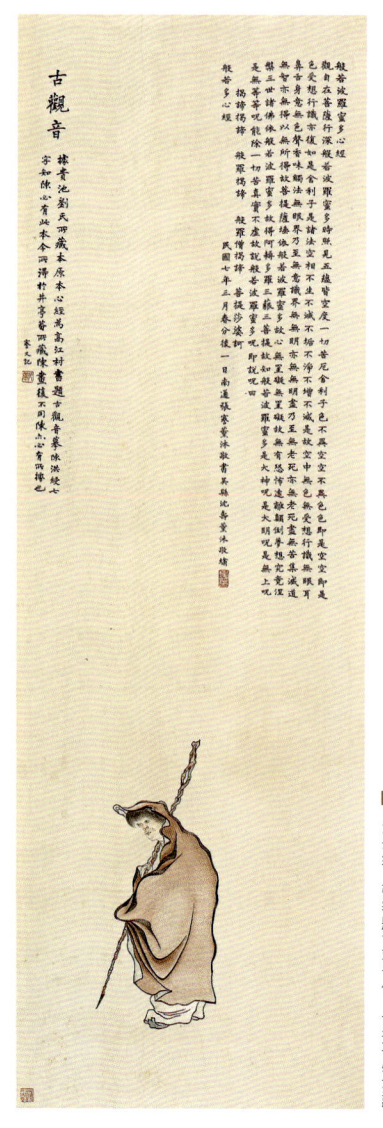

沈寿绣、张謇题古观音像　南通博物苑藏

苏北抗大九分校旧址

江苏省文物保护单位
公布批次（时间）：第五批（2002年10月）
地址：启东市海复镇东南中学内

  苏北抗大九分校旧址的前身是张謇1920年在通海垦牧公司所在地启东海复镇创办的垦牧乡高等小学，砖木结构，四合院式，三进两院，东西两侧有厢房，后为二层小楼，共有房屋74间，占地面积4500平方米，总建筑面积2350平方米。1924年，该校成为南通师范学校第二附属小学。1938年，日寇侵占南通，位于南通城内的南通师范学校辗转迁移到此，时称"通师侨校"（以下简称"侨校"）。1942年，粟裕率领的新四军一师师部进驻海复，其教导大队驻扎该校并创建了中国人民抗日军政大学第九分校（以下简称"九分校"）。当时新四军一师师部设在西厢房，粟裕办公室就在西厢房南头。如今，四合院东南角草坪上矗立着张謇半身汉白玉雕像，大门中央矗立着粟裕半身铜像。步入第一进院落，还可见到张謇早年亲手种植的三棵银杏树。

  九分校创办后，除粟裕、陶勇等军队领导外，还有地方政府及教育、文化艺术界领导如季方、梁灵光、顾尔钥、沈亚威（音乐家）、江树峰（教育家）等同志经常到校宣传革命真理，坚持抗日斗争。粟裕经常亲自组织九分校学员与侨校师生举办篮球、排球友谊赛，教唱革命歌曲，开展文艺联欢活动。1944年6月1日，在九分校基础上创建的苏中公学在江苏宝应县金吾庄正式开学，九分校机构和人员转入苏中公学。1947年冬，苏中东南地区第一所由中国共产党直接领导，民主政府创办，诞生于抗战胜利后、成长于反顽斗争中的抗大式学校——东南中学，辗转三阳、聚星、曹家镇后，迁入苏北抗大九分校旧址，并延续至今。

新四军联抗部队烈士墓

江苏省文物保护单位
公布批次（时间）：第五批公布（2002年10月）
地址：海安市吉庆镇千步村32组

  新四军联抗部队烈士墓建于1944年，为纪念新四军联抗部队在抗日战争中为国捐躯的159名烈士，是苏中地区唯一从抗战时期保存下来的规模较大的烈士陵园。

  该陵园坐北朝南，占地面积33113平方米（包括水面），建筑面积1158平方米，主体建筑有表门、纪念碑、明理堂、烈士墓。表门为水泥砖混建筑，左右两侧镶嵌黑色花岗石对联"保卫地方国家抛却头颅洒尽热血，效忠民主真理做下榜样留得英名"，正中镶嵌"浩气长存"门额，上方为立体红色五角星图案。纪念碑高16.1米，"新四军联抗烈士纪念碑"为张爱萍题写。碑基呈四方形，南面镶嵌碑铭。明理堂面阔五间21米，进深8.2米，正中上方悬挂黄逸峰题写"明理堂"匾额。墓冢高2.1米，封土直径10米，墓前石碑铭刻159名烈士姓名。

  1940年10月，新四军在苏中地区为执行党的抗日民族统一战线，在陈毅同志的精心策划下，在海安曲塘镇成立了"鲁苏皖边区游击总指挥部直属纵队"（即联抗部队）及"鲁苏战区苏北游击指挥部第三纵队司令部"。黄逸峰同志为联抗部队司令员兼政治委员，贺敏学、彭柏山为部队党委委员。联抗部队的成立，有力打击了敌伪顽军，完成了党赋予的特殊任务，在苏中地区树起了一面团结抗日的旗帜。联抗部队四年的历史功绩载入了中国革命的光辉史册。

如皋城东水关遗址

江苏省文物保护单位
公布批次（时间）：第六批（2006年6月）
地址：如皋市如城街道迎新社区水绘园景区

水绘园景区内，一段绿树掩映的古城墙下方，有一个被称为水关的拱形洞口，有河道从洞口引出，这就是如皋城东水关遗址。

如皋建城已有2500多年历史，宋代建有谯门，明嘉靖十三年（1534年）始辟城门六座，环以今内城河构为城防。嘉靖三十三年（1554年），郑端简督守淮扬，为预防倭寇侵扰，跨河构筑城墙，东西南北依次设靖海、饯日、澄江、拱极四座城门，外凿今外城河以为壕堑，同时置东、西水关两道，沟通内外城河，以供舟船出入。东水关遗址现高8米，长21.9米，宽17.1米，由砖砌涵洞沟通内外城河，占地（含部分水面）约374.49平方米。涵洞东西走向，洞顶为尖收式，并有"东水关"青石额一方，剖面呈莲瓣形，高6.65米，宽3.8米，进深7.1米。洞底铺城砖，并有装有木栅栏的枢槽。墙体原嵌有平倭始末记碑，现存如皋市博物馆。

嘉靖三十六年（1557年），海防兵备副使刘景韶与山西平阳游击将军邱陞镇守如皋，陈兵东水关外，击溃来犯倭寇，有后人立平倭始末记碑为证。1938年，侵华日军占领如皋，国民党军何克谦部曾从东水关潜入城内与日军激烈巷战，而后仍由东水关退出。日军大为震惊，《读卖新闻》《朝日新闻》均有报道。1945年8月，如城伪军凭借城墙壁垒，拒绝向我新四军投降，我军轰坍部分城墙，强攻告捷。1951年7月，经苏北行政公署批准，拆除城墙辟环城马路，仅留东水关遗迹一处，至今保存完好。

东水关是如皋古城的重要佐证，保存了明代水关结构和涵洞建筑特色。它曾是如皋城沟通东南经济发展的水上门户，经历过地方重大历史事件，在当地政治、经济、文化方面都具有历史意义和研究价值。

集贤里民居

江苏省文物保护单位
公布批次（时间）：第六批（2006年6月）
地址：如皋市如城街道冒家巷

集贤里民居保存范围11690平方米，共有房屋300余间。集贤里东邻如皋师范学堂，南接隋代始建定慧寺，西望文庙大成殿，北与水绘园遥遥相对，集历代名贤、明清建筑、文物遗存于一体，是如皋古城宝贵的文化遗产。

北宋至清朝，集贤里共出状元1人、进士17人，其中15人（包括明末四公子之一冒辟疆）入选《中国名人大辞典》，计王、冒、李、胡、戴、周等八大名门望族。现存北宋王学士宅、元"鞑子府"、清兵部尚书戴联奎"尚书第"、清钦州知州袁祖安"袁公馆"，共有明清建筑4户45间，为同类历史文化名城中难得的名人故居明清建筑群。

乾隆《如皋县志》记载："北宋如皋王氏居此，王惟熙、王观、王觌、王俊义相继中进士、状元，乡人引以为荣，名其里曰集贤里。"王学士宅在今天冒家巷西侧由南向北朝东第一个大门，原宅于元末毁于兵火，明初由其子孙重建。

宋元易朝时，元世祖忽必烈入主中原，封其第九子脱欢为镇南王，如皋有镇南王封地，集贤里有镇南王宅第，现存门厅三间，沿袭蒙古包的门"朝日而开"，正梁为蒙古包顶。明成化十七年（1481年），知县胡昂于集贤里玉带河建成砖石拱桥，定名集贤桥。明嘉靖十三年（1534年），知县刘永准初划城池，沿玉带河建城门六座，其中东南门名集贤门。明万历年间，集贤里人气趋旺，渐成街市，里人将南起集贤桥北堍，北至学宫后巷轿行口，两端以青砖砌圆门，上镌"集贤里"三个字。元明鼎革时，元镇南王后裔东林公隐居如皋东陈，变汉姓为"冒"氏，迁居集贤里。

戴氏先世居于安徽休宁。戴氏居如皋集贤里后，从第四代戴知诚起入仕。戴联奎为戴知诚次子，清乾隆三十九年（1774年）中顺天府解元，曾任吏部尚书、代理礼部尚书、兵部尚书。

1984年，我国著名古建筑园林艺术学家陈从周游如皋，赋诗《忆江南》："如皋好，信步冒家桥。流水几弯萦客梦，楼台隔院似闻箫，往事溯前朝。"表达了对古如皋集贤里的怀念之情。

白蒲镇民居

江苏省文物保护单位
公布批次（时间）：第六批（2006年6月）
地址：如皋市白蒲镇市大街中心区

江苏省历史文化名镇白蒲镇位于如皋东南部，为古蒲涛县地，曾建有城池，隋时湮没。北宋建镇时，因溪泽多生白色蒲草得名。现镇区保留明清古民居40幢142间，占地面积5540平方米，建筑面积3672平方米，其中顾氏住宅、沈氏住宅、高大门、典当行、钱庄、古戏台、葆春堂、双庆堂、二门堂、诵经楼、双堂屋等代表性建筑保存完好。

顾氏住宅始建于明洪武初年，明清两代顾氏居此，共出进士3人、举人7人、贡生4人。原房屋主人顾其昌的高祖文定先生（清乾隆贡生）、曾祖文静先生（清嘉庆举人）两代名师培育子弟100余人，在全国20多个省、县为官。

沈氏住宅始建于明天启四年（1624年）。沈氏九世祖沈歧官至清朝都察院左都御史。沈歧为人耿直，从政清廉，不畏权势，深得道光、嘉庆、咸丰三代皇帝赏识，其父、祖父、曾祖父均受皇帝诰封为光禄大夫、荣禄大夫等官职。从沈歧父亲开始，五代同堂，道光皇帝旌表建"五世坊"，并御笔朱书"恩荣衍庆"匾额。

高大门始建于明永乐年间，为明代吴明经住宅。据清道光《白蒲镇志》载，本宅明清两代共出进士、举人28人，故本镇人尊称其为"高大门"。大门两侧有对联"盘根梅里贻安宅，奕叶芸香冠世家"。

典当行、钱庄、古戏台始建于明天启三年（1623年），原为古镇一家典当行和钱庄，经贸家居结合，并遗存有古戏台一座。

国、共、美三方军事调停谈判旧址始建于明万历四十年（1613年），清道光年间修缮。宅第几经变更，于1933年由白蒲医生晋瞻仁购得，转租给美国长老会。1946年1月14日，国民党在白蒲打响全国内战第一枪，史称"白蒲事件"。后由北平军调部派出"三人执行小组"于此谈判。

白蒲镇民居总体格局完好，人文古迹丰富，历史文化底蕴深厚，集白蒲镇历代名贤、明清建筑、文物遗存于一体，见证了白蒲镇明清以来政治、文化、商贸等活动状况，具有重要历史价值。

国、共、美三方军事调停谈判旧址

秀才巷

国、共、美三方军事调停谈判旧址

赵绘沈绣之楼及林溪精舍

江苏省文物保护单位
公布批次（时间）：第六批（2006年6月）
地址：崇川区狼山北麓

  赵绘沈绣之楼为三层小楼，有东西配房海月宀、语梅阁、天祚山房，楼前有张謇题"灵山胜地"石坊，过桥有讲经堂及厢房。此楼原为张謇修建的狼山观音院一部分，收藏了杭州宋代名刹辟利禅院珍藏的160余幅历代绣绘观音像、南通女工传习所师生所绣观音像，以及石刻、拓片和不同质地的观音雕像，其中，以元代赵孟頫、赵雍父子所绘及当代沈立、沈寿姊妹所绣观音像最为珍贵。张謇为此题名"赵绘沈绣之楼"。

  林溪精舍位于赵绘沈绣之楼西，临水营建，平面呈曲尺状，砖木结构，有顶棚，上盖青灰小瓦，回廊环绕。据张謇《新辟林溪记》记载：狼山山北一带原无树木，于1915年先在狼山前江边试种棉花，疏浚沟溪，吐纳潮汐。次年在此购田，拓荒开渠，修桥铺路，筑石绿化，作为避暑之处，并将所开之河名为"林溪"，挖出的溪土置覆于山脚植树。1916年，在此筑林溪精舍，供游览休憩，品茗会友。

  赵绘沈绣之楼及林溪精舍历经百年沧桑，其主体及附属建筑仍保持原有风貌，具有较高的建筑品位和研究价值。

濠阳小筑

江苏省文物保护单位
公布批次(时间):第六批(2006 年 6 月)
地址:崇川区环城南路 21 号

濠阳小筑建于 1917 年,是张謇住宅之一,现存占地面积约 1860 平方米,建筑面积约 1200 平方米,是一组中西合璧的近代建筑,现为归属南通博物苑管理的张謇纪念馆。

濠阳小筑由主体建筑和多座小庭院组成。主体建筑轿厅、花厅、六角亭、曼寿堂,沿用前堂后楼的平面布局。花厅以东为副轴线,有轿厅、储藏室、厨房、职员宿舍等附属建筑。曼寿堂位居小庭院的中北部,为一幢二层小楼,面阔三间,前有长廊。四座小院落位于正前方和左右两侧。各建筑间以回廊相连,迂回曲折,移步换景。庭院中精巧别致的花墙、漏窗、月亮门、花架,以及梅、兰、竹、菊、玉兰、海棠、牡丹、桂花等四时花卉,体现了中国传统造园艺术风格。

濠阳小筑位于南通市中心长桥西北侧,南临濠河,北接环城南路,毗邻西南营历史文化街区,东端临近南大街商业区,西连因树斋、女红传习所旧址,与张謇故居濠南别业遥遥相对,和有斐饭店(前身为张謇时代所建的有斐馆)隔河相望,人文气息浓厚。

南通文庙

江苏省文物保护单位
公布批次（时间）：第七批（2011年12月）
地址：崇川区人民中路14号

南通文庙初建于北宋乾兴元年（1022年），元、明、清多次修缮、重建，现存建筑以大成殿为主体，前有戟门和名宦、乡贤两祠，连接东西两庑，构成一个四合大院。大成殿于元至正四年（1344年）重建，为重檐庑殿式建筑，面阔五间17.95米，进深十三檩14.15米，脊高11.20米，外檐斗拱重杪重昂，转角出昂三层。殿内梁间彩绘系清代修葺时所绘，十分精美华丽，彩绘风格在江淮地区极具代表性。殿前有月台，围以石栏，与大殿相连。月台前有四株古银杏。东庑外有碑廊，收有明清文庙石碑20块。

南通文庙原是儒学教育的殿堂和祭祀孔子的场所，现由南通市文化馆管理使用。

南通文峰塔

江苏省文物保护单位
公布批次（时间）：第七批（2011年12月）
地址：崇川区文峰路2号

南通文峰塔通高39米，始建于明万历四十六年（1618年），为南通三塔之冠。塔为青筒瓦，白墙红柱，仿楼阁式。砖木结构，五级六角，每级均有小室，每面一门两窗，内设扶梯，外有护栏。飞檐翘脊，饰以龙首、仙人、走兽，系以金铎。门洞外观为拱券式，内观则为壸门形式。檐柱与廊柱上置栏额及普柏枋以承托斗拱。塔顶为六角攒尖顶。塔顶有刹，高10.33米，刹座作覆钵形状，上置承露盘。南通素有"通州塔，四六八"之说，五级六角的南通文峰塔在三塔之中体量最大，造型最美，是为南通古城东南形胜。

据《通州新建文峰塔记》碑文记载，南通文峰塔是为"补山水之形胜，助文风之盛兴"而建。相传，明代兴风水之说，言自淮水以南一马平川，千余里内仅南通有狼五山，此为南通的"官禄宫"。当时凿山取石，构筑新城，营造园林，破坏了"官禄宫"，以致通籍举子屡试不爽，通籍官员多被贬斥。于是，有人提议城东南地势低洼，润泽文脉，可造文峰塔、三元桥，必补山水之形胜，助文风之兴盛。建塔以后，南通名人辈出，还出了胡长龄、张謇两个状元。以塔附会，仅是美谈而已。

南通文峰塔院，先有塔，后建寺院，因塔建寺，名曰五福寺。岁月侵蚀，五福寺早年废毁。现院内建有南通书法国画研究院和南通市个簃艺术馆。

掘港国清寺遗址

江苏省文物保护单位
公布批次（时间）：第八批（2019年3月）
地址：如东县高新区城中街道

掘港国清寺始建于唐元和年间（806~820年），为浙江天台山国清寺天台宗第十祖行满（日本天台宗开宗者——"传教大师"最澄的老师）所建。唐文宗开成三年（838年），日本第十三批遣唐使团渡海登陆，驻留掘港国清寺休整，后由"掘沟"、运盐河经如皋镇、海陵县去扬州，再从大运河到长安。为完成最澄遗愿，最澄的弟子圆仁携最澄《天台宗未决》随团入唐。圆仁一行渡海登陆的第一站便是掘港国清寺，并在国清寺驻留15天。圆仁著《入唐求法巡礼行记》对掘港、国清寺、运盐河、海防、盐业等均有记述。在唐代，"掘港"仅出现在《入唐求法巡礼行记》中，同时期的其他典籍并无记载。圆仁归国后，推动了日本天台宗发扬光大，在日本宗教界享有崇高地位。

2018年，掘港国清寺遗址发掘出建筑基址、路面遗迹、古井、灶坑、护寺古河道等遗存，出土莲花纹瓦当、筒瓦、板瓦、滴水、脊兽、正吻、石柱础等建筑构件，瓷器近千件和大量陶、瓷片，还有部分带有"国清口""方丈""僧""国""库司专用"等字样的一批墨书款瓷器，以及钱币、造像、法物、香炉、砚台、茶具等佛寺宗教活动和生活用品。圆仁在《入唐求法巡礼行记》中具体记述的"国清寺""掘港"等，也通过此次考古发掘得到了证实。

掘港国清寺遗址发现的最下层土建筑台基遗迹，是1200年前唐代晚期国清寺遗存，实证了日本、东海与中国掘港、掘沟运河、古运盐河和大运河、扬州乃至长安的联系，特别是中日交往中的大事件——遣唐使的历史，是中日通过海上丝绸之路建立友好关系的重要历史见证，是海上丝绸之路·东海航线的重要见证地和遗产点。2018年4月，南通加入海上丝绸之路保护和联合申报世界文化遗产城市联盟。

石庄汤氏宅

江苏省文物保护单位
公布批次（时间）：第八批（2019年3月）
地址：如皋市石庄镇北街41号

石庄汤氏宅始建于明朝末年，坐东朝西，临街而建。现临街第一商铺已毁，仅存第二进厅及厢房、第三进敞厅。第二进六架五间，中为穿堂，南北两侧各有两间房屋，檐高3.2米，脊高5.5米，总建筑面积约115平方米。穿堂正面保留青砖砌筑门罩，檐下保留部分砖雕，两旁有方形石雕门墩。厅内五柱落地，软磉、青石磉，中柱为驼梁童柱，系明代建筑风格。入内为庭院，南北有厢房。第三进为敞厅，七架五间，西向，建筑面积约180平方米，北侧有券门。

石庄汤氏宅总体保留了明代建筑风格，是石庄镇仅存的明代民居。其大青砖、砖雕、石雕、木雕，时代特征明显，具有很高的艺术价值。

如皋定慧寺

江苏省文物保护单位
公布批次（时间）：第八批（2019年3月）
地址：如皋市如城街道泮池路2号

　　如皋定慧寺为天台宗的实际创始人智𫖮大师所建。据唐代道宣和尚《续高僧传》记载，隋开皇十一年（591年）十一月，晋王杨广（即隋炀帝）在扬州金城殿设千僧会，授菩萨戒，智𫖮大师应邀赴扬州时"道经如皋，诛茅建寺，立名定慧"，同时"建七级宝塔"一座。这是关于如皋定慧寺最早的记载。明万历四十一年（1613年）重建山门、大殿和金刚殿，后陆续建钟鼓二楼、藏经阁、禅堂、祖堂、斋堂等。清光绪二十八年（1902年），光绪帝御赐"兴教定慧禅寺"。

　　如皋定慧寺占地约1万平方米，建筑面积5000平方米。平面布局成回字形，外为楼堂，内为殿宇。主要建筑有山门、二门、大雄宝殿、藏经楼，均坐南朝北。山门面阔三间，九檩穿斗式硬山建筑，前置石狮一对，上设门簪，下安抱鼓石。二门为五檩小型建筑，是大雄宝殿的护门。大雄宝殿为九脊歇山建筑，面阔五间，进深四间，梁架六副，采用大内额承托梁架，保存着侧脚升起、减柱等结构特征，梁枋间安设疏密不等、层数不等的隔架斗拱，梁架檩枋有清嘉庆年间松子纹彩绘。大雄宝殿之南为藏经楼，双层木结构，面阔五间，进深三间，前附卷廊，廊檐下安设密檐斗拱，楼内结构雕饰精细繁缛。东侧有玉佛楼、祖堂、方丈室、观音楼环布，西侧有华严楼、念佛楼、客堂楼相绕，多为清代重建。

　　1983年，定慧寺经江苏省人民政府批准修复开放。其大雄宝殿毗卢主佛及全堂佛像系雕塑大师詹振辉先生的杰作，被我国壁画大师袁运甫教授誉为"当代中国佛像之冠"。美国纽约光明寺住持寿冶老和尚由缅甸请6.5吨白玉卧佛一尊，供奉在玉佛楼。2002年以来，又复建和新建观音塔、吉祥殿、五百罗汉堂、财神殿、文昌殿、静养院、佛教文化展示中心等多处建筑。

　　如皋定慧寺为苏北著名古刹，我国著名古建筑园林艺术学家陈从周赞其："水环寺、楼包殿、山门北向，在全国独具一格。"

城南别业

江苏省文物保护单位
公布批次（时间）：第八批（2019年3月）
地址：崇川区环城南路1号

城南别业建于1902年，为张謇之兄张詧的故居，与张謇故居濠南别业隔河相望。

城南别业坐北朝南，为砖木结构二层楼，中轴对称布置，楼面铺设小青瓦，清水砖墙。有东西耳房，高台阶，前有走廊。平面呈"凹"字形，前后围以砖墙，构成天井。彩瓷砖铺廊，上下楼走廊外侧以清水砖方柱托清水砖连拱。外门窗上部用机制红砖砌成弧拱，拱下为浮雕花饰，内门上部用机制红砖砌成平拱。

城南别业是南通最早出现的大型西洋式住宅建筑，对南通近代城市建设具有开创性意义。21世纪初，两院院士、清华大学吴良镛教授担纲设计南通城市博物馆建筑时，刻意将城南别业与城市博物馆新馆建筑有机组合，将城南别业作为城市博物馆东馆。2020年，城南别业与城市博物馆新馆均被辟为南通群英馆。

大达内河轮船公司旧址

江苏省文物保护单位
公布批次（时间）：第八批（2019年3月）
地址：崇川区唐闸街道北市街63号

　　大达内河轮船公司旧址现存西式办公楼一座，临河有大生码头遗址。办公楼坐西朝东，为两层西式楼房，共八大间，下设地下室。红砖外墙，临街设铁艺凉台，入门为螺旋式阶沿。

　　张謇创立大生纱厂后，本着"道路交通为文明发达之母"的思想，决心筹建以唐闸和天生港为枢纽的水上交通运输系统。1900年春，大生纱厂设立大生轮船公司，在通扬运河左岸纱厂门前建大生码头，同时购买广生小轮公司"济安"轮，改名"大生"号，行驶于上海至南通。1903年，为适应大生实业发展和纱厂原料成品运输需要，亦为衔接外江内河等航线，张謇与如皋乡贤沙元炳议设大达内河轮船公司。公司总理为张謇，经理为沙元炳，设总办事处于南通唐家闸。公司先后购置轮船、拖轮35艘，吨位3~5吨不等，其中"达济""达孚"轮均有40马力，航速可达15公里，大多为南通资生铁厂承造。公司最初开辟通吕航线，1904年，又开辟通州至海安航线、通州至扬州航线。1911年之后，又相继开辟南通到盐城、靖江、如东、海门等十余条航线。

　　大达内河轮船公司创办之初，营业遭遇盐官、盐商重重阻挠。张謇、沙元炳不畏强权，多方争取，赢得各地人士支持，通扬航线的开辟就是在扬州名士江石溪的鼎力相助下取得成功。1915年，张謇正式聘江石溪驻唐闸总办事处担任大达内河轮船公司协理。

　　大达内河轮船公司的创办，对20世纪初沟通苏北内河航运与通沪间长江航运，推进民营航运的早期现代化，发挥了不可磨灭的历史作用。

唐闸红楼

江苏省文物保护单位
公布批次（时间）：第八批（2019年3月）
地址：崇川区唐闸街道河东路33号

唐闸红楼建于1915年，是一座中西合璧的花园别墅，由主持大生纱厂土木建筑工程的宁波籍建筑师董友章主持设计建造。占地约3000平方米，主体建筑768平方米。主楼为三层砖木结构的豪华住宅楼。清水砖墙，红瓦坡顶，顶楼四面设凸肚窗、三角雨厦，形成多边角楼。楼厅门前四级台阶，四柱通廊，马赛克廊道，水泥石雕护栏。廊柱为青水砖方柱，立面有凹凸纹，顶端为水波漩涡纹雕饰，上托清水砖连拱。主楼一层设客厅、休息室、更衣室、餐厅、洗手间等，二楼为卧室、书房、办公室、内客厅，阁楼为女眷闺室与储藏室。大楼中央设内天井，顶部开拱形天窗，楼内采光颇佳。楼外设东西雨廊，青水砖柱、木护栏阳台。主楼西侧临河岸建有两层砖混结合的缓坡顶西式附楼，有过街楼与主楼衔接。

唐闸红楼业主高安九为大生纱厂股东、大生股东会监察人，阜生茧厂后期掌门人，曾与张孝若等人共同创设南通交易所。其父高清（立卿）是大生纱厂早期四通董之一。1912年，高清去世，张謇为其亲撰墓志铭。

唐闸红楼历经百余年得以完好保存至今，是唐闸百年历史的实物见证，具有重要历史价值。唐闸红楼与濠南别业、城南别业是南通近代名人故宅三大代表性建筑，具有较高的历史和艺术价值。

第三章

南通市文物保护单位

城隍庙

南通市文物保护单位
公布批次（时间）：第一批（1983年6月）
地址：崇川区濠东路199号

据南通地方志及清光绪十八年（1892年）《重修城隍庙碑记》记载，南通城隍庙，亦名郡庙、邑庙，始建于宋建隆二年（961年），由知州王茂主建。城隍庙原在市区十字街州署东南侧，千年来屡加修饰，长盛不衰，是南通最具影响力的道教庙宇。

城隍庙历经多次重修，清末尚有庙房171间，至1958年仍有楼房38间、平房97间。山门外有精雕青石狮一对，两边有旗杆斗子的高桅子一对，门内当中有戏台、放生池，仪门前两侧围墙上勒置历任州署的文告和碑碣。仪门三间，有青石鼓一对，甬道五间，左右置有青石雕小狮子24只及石栏，东西两庑十间，正中大殿系仿唐翘角式建筑。大殿后，走披屋进后宫三间，后宫西边是吏书房，亦名槛心堂。

1998年，城隍庙迁建至市区濠东绿苑北首，保持原有格局，占地近6660平方米，坐北朝南，均为砖木结构，平房筒瓦，古色古香，仪门、甬道、拜殿、大殿及财神殿、都天堂、东西两庑均按原样重建，并继建山门、戏台、后宫、文昌阁、药王阁、吕祖阁、前后东西厢房、耳房、东西回廊等附属建筑。现由南通市道教协会所属南通市城隍庙管理使用。

静业庵

南通市文物保护单位
公布批次(时间):第一批(1983年6月)
地址:崇川区北濠桥东村

静业庵为明嘉靖八年（1529年）遗构，明崇祯及清康熙年间两度修缮，现存正殿一座，为南通为数不多的明代建筑。九脊单檐歇山建筑，面阔三间，进深七檩。殿堂无斗拱设施。梁架结构为抬梁式，柱下置覆盆式柱础，上端有卷刹，栋梁施以彩绘，具有较高的历史和艺术价值。

　　静业庵初为僧宝峰创建、住持，俗称宝峰庄，清末改为尼庵。南通城自古无北门，静业庵与老城区隔着宽阔的北濠河，相对冷落，亦比较幽静。城里人去静业庵要走七拐八弯很长的土路。清道光年间，姜长卿有《竹枝词》记之："宝峰庄近北城楼，楼阁参差胜迹留。一水盈盈三里岸，办舟来赏桂花秋。"静业庵现由南通风筝博物馆管理使用。

掌印巷清代住宅

南通市文物保护单位
公布批次（时间）：第一批（1983 年 6 月）
地址：崇川区西南营历史文化街区掌印巷 22 号、25 号

　　掌印巷清代住宅为饶州知府徐兆桂故居，现为南通市市级机关第一幼儿园用房。

　　徐兆桂，附贡（通过纳捐取得的贡生）出身，清乾隆、嘉庆年间曾任饶州知府，该宅应当建于这一时期。原为一组建筑群，东侧为花园。如今二门敞厅保存完好，花园已被废弃，另盖房屋。敞厅面阔五间，为抬梁式和穿斗式相结合的硬山建筑，前后附卷棚式长廊，明间瓜柱，柱头置斗，下端跨梁雕饰荷叶鸟兽纹，雀替做成如意状。二门影壁为方形磨砖平砌而成，四抹角雕饰花鸟，上方雕刻透雕和浮雕 44 幅。这些砖雕以历史故事和神仙人物为题材，衬以房舍城堡、树木花草、飞禽走兽、云天山水，雕刻精细，是南通清代砖雕工艺珍品。

冯旗杆巷明代住宅

南通市文物保护单位
公布批次（时间）：第一批（1983年6月）
地址：崇川区西南营历史文化街区冯旗杆巷26号

　　该宅现存明代遗构为一座七檩硬山"明三暗五"敞厅。明间为抬梁式建筑，以磨砖、雕砖相饰，雕饰华丽，颇具苏南风格，边设厢房，外有门庭，布局完整。次间、梢间为穿斗式，梁架扁作，用材粗壮，覆盆式柱础，构架严实。周边均为旧民居，有多处历史建筑和名人故居，具有浓厚的历史文化氛围。

富贵巷明代住宅

南通市文物保护单位
公布批次（时间）：第一批（1983年6月）
地址：崇川区富贵园新村6号楼东南侧

　　该宅具有明末清初民宅建筑风格，从建筑气势及设施来看，当系官家宅第。据现存资料查考，此宅应为清初孙闳达所建。孙闳达，字天士，清康熙三年（1664年）进士，官至太原知府。其四世孙孙兆鳌著有《海曲拾遗》，于南通地方史研究多有裨益。

　　该宅存有清初遗构敞厅、屏门及围墙。敞厅是一座抬梁式七檩硬山建筑，坐北朝南，面阔三间，前附四檩卷棚式通廊，梁柱粗壮，青条石阶。厅内附属结构雕以荷花莲叶纹、牡丹花等，雅洁明快。

　　富贵巷明代住宅彰显了南通古建筑的地域特色，是南通抬梁式七檩硬山建筑的典型代表。

倭子坟

南通市文物保护单位
公布批次（时间）：第一批（1983年6月）
地址：崇川区城山路与沿河路交叉口北200米

　　倭子坟为石驳土墩，原系明代烽堠，又称烟墩，用于防倭报警，后来传言为掩埋倭寇尸体之处。墩南、北为斜坡，有台阶可登墩顶。墩西临路驳石中嵌有"倭子坟"石碑一块。倭子坟与南边不远处的曹顶墓遥相呼应，组成一对南通人民反抗外族侵略的历史见证物。

　　1919年，张謇在"县人大修道路"时修葺倭子坟，在土墩上建京观亭，并写跋记述建亭之旨："有明一代，海虞苦倭剧矣。县赖曹顶血战，卒以殉，三百年称其功不绝。因名之曰京观。"京观亭"文革"期间被毁，1982年按原貌重建。

骆宾王、金应、刘南庐墓

南通市文物保护单位
公布批次（时间）：第一批（1983年6月）
地址：崇川区狼山东南麓

骆宾王，浙江义乌人，"初唐四杰"之一。唐则天顺圣武皇后光宅元年（684年）与徐敬业在广陵（今扬州）起兵反对武则天临朝称制，撰《讨武曌檄》。兵败后，史籍记其下落，多有不同。一说逃逸于邗之白水荡（今启东吕四）。而据明末郡人邵潜《州乘资》记述，骆墓原在南通城东北郊黄泥口，系明正统九年（1444年）当地曹姓农民掘地时发现。墓石题作"唐骆宾王之墓"，棺内有尸骨，曹看见后予以掩埋。清乾隆十三年（1748年），寓居通州的清代学者刘南庐在黄泥口访得骆宾王墓地，掘地见"唐""骆"二字残石及枯骨，迁葬狼山。

金应，江西吉水人，南宋末年授任江南西路兵马都监。德祐元年（1275年）随文天祥去元军帅府谈判，同被拘押。后俱逃出京口（今镇江），辗转来到通州。金应到通，一病不起。死后，文天祥把他葬在城西雪窖，并赋诗二首，抒发哀痛之情。清顺治十六年（1659年），金墓被大水冲刷，知州彭士圣命人捡拾遗骨，纳入石函，移葬狼山。乾隆十二年（1747年），闽人刘南庐、郡人丁有煜修金应墓，"甃石为台，缭以石垣，立墓碑"。

刘名芳，福建人，号南庐。清乾隆三年（1738年）来游南通，客居七年，搜遗访阙，主编《南通州五山全志》20卷及其他史志多部，并对移葬骆宾王、金应两墓至狼山竭尽全力。乾隆二十四年（1759年）在如皋雨香庵逝世，通州士绅把他葬在狼山骆、金两墓之西。

骆墓居中，金、刘二墓分列东西两侧，各有墓碑，墓南合建石坊一座。三者均非南通人，且时代跨度自唐至清逾千年，但均在南通历史上留下印迹，对研究南通地方史具有重要意义。

白雅雨墓

南通市文物保护单位
公布批次（时间）：第一批（1983年6月）
地址：崇川区狼山东南麓

该墓地上部分为正方形，山石砌成，墓前有张謇题"白烈士雅雨之墓"碑，碑阴刻墓志铭，江谦撰文，张謇书，1914年阴历十一月立。墓壁前方镶有石刻绝命诗，为1981年10月纪念辛亥革命70周年时立。

白雅雨（1868~1912年），名毓昆，号铣玉，生于南通城南白陆巷。1905年加入同盟会，1909年在天津创办中国地学会，次年创办我国第一份地学期刊《地学杂志》。白雅雨在天津北洋政法学堂执教期间，李大钊也在该校就学。白雅雨的革命思想影响了李大钊，也团结了一批有革命倾向的青年。

1911年武昌起义后，白雅雨等在北方策应，于1912年1月2日发动滦州起义，成立北方革命军政府，白雅雨担任参谋长。起义军在向天津进攻途中遭清军断轨阻击，白雅雨被捕就义，时年44岁。1912年9月，其灵柩由亲属护送从天津运回，乘江轮登岸。南通数千民众到江边奉迎。灵柩经西大街进西城门至十字街，再向南出南城门，最终抵达狼山墓地。

白雅雨烈士作为辛亥革命的先驱，集地学家、革命家于一身，是南通人民的骄傲。南通人民公葬白雅雨于狼山之巅，表达了对白雅雨烈士的崇高敬意。白雅雨墓既是辛亥革命的历史纪念地，亦为狼山的人文景观增光添色。

金沧江墓

南通市文物保护单位
公布批次（时间）：第一批（1983年6月）
地址：崇川区狼山东南麓

金沧江墓冢为长方体，似以混凝土筑成。墓前立石碑，题"韩诗人金沧江先生之墓"，为张謇嫡孙张绪武手迹。墓后有石垒围垣。

金沧江（1850~1927年），名泽荣，字于霖，号沧江，朝鲜历史学家和爱国诗人，曾任朝鲜史官、中枢院及内阁参书官、史礼部辅佐员等职。1905年，日本侵朝，金辞官弃职，携妻女来到中国，受张謇委聘，任南通翰墨林印书局编校，在通22年。金沧江深通汉学，著作丰赡，有《韶濩堂集》《沧江诗稿》等46种。他为抗日复国奋斗一生，被誉为"朝鲜的屈原"。

金沧江与张謇的交往是近代南通中外交流史上的一段佳话。金沧江逝世后，南通人民将其安葬在风光秀美的狼山之阳，并加以很好的维护，表达了南通民众对爱国人士的崇敬，展现了中韩两国人民的深情厚谊。

何坤墓

南通市文物保护单位
公布批次（时间）：第一批（1983年6月）
地址：如皋市磨头镇老户庄村

何坤（1898~1930年），原名德晟，字克信，湖南永兴人，黄埔军校毕业。1927年，蒋介石叛变革命后，何坤潜伏上海从事党的秘密工作。1929年冬，由党派遣来通如地区。1930年3月，由中共中央军委任命为中国工农红军第十四军军长。1930年4月3日，中国工农红军第十四军在如皋西乡贲家巷宣告成立，何坤就任红十四军军长兼第二支队队长。同年4月16日，何坤率部攻打磨头镇老户庄地主张符秋庄园时，不幸牺牲。1960年，在纪念红十四军成立30周年之际，中共如皋县委、如皋县人民政府于此地修建了"红十四军军长何坤烈士陵园"。陵园占地约300平方米，前有高约6米的"死难烈士万岁"纪念塔，后有何坤烈士纪念碑，碑名由原红十四军第二支队第二大队长张爱萍将军题写。

军山气象台旧址

南通市文物保护单位
公布批次（时间）：第二批（1991年5月）
地址：崇川区军山山顶

军山气象台是中国人最早自办的气象台，其建设之初距民国政府教育部官办的中央观象台仅一年。它的建成对南通工农业生产、人民生活发挥了重要作用，是南通步入近代社会的显著标志。

为发展南通气象事业，张謇于1913年开始规划在军山山顶筹建气象台，1916年10月建成，1917年元旦开测，张謇为总理，张詧为协理，刘渭清为主任。军山气象台建筑为砖木结构，四面坡小瓦顶，墙外饰以水泥，面阔三间，平顶，明间中后部有一小楼。所有仪器均由上海徐家汇天文台代购，包括双筒望远镜、经纬仪、天球仪、时辰仪及测量温湿度、气压、风力、风速、雨量、磁力、地震等仪器和无线电接收机。开展各种观测、计算、统计工作，每天发布天气预报，定时报告标准时间，与南通钟楼对时，逐日记录潮水位之高低。1918年起，每年编年报、发表观测记录和研究成果，印发刊物均附英文，与四十多个国家气象台交换，曾列入英国出版的国际气象台名册。

1927年，私立南通大学农科收并军山气象台，刘渭清另有他就，遂辞台职。1934年，江苏省建设厅拨经费修理军山气象台，添购仪器，业务由省会测候所领导。1938年春，日军侵占南通，台屋受损，仪器、资料大多数散失，仅存部分残留建筑。1997年修复，主体建筑基本恢复原貌。2018年重修，同时整治周边环境，恢复了原有寒暑亭等气象设施。

特来克墓

南通市文物保护单位
公布批次(时间):第二批(1991年5月)
地址:崇川区剑山南麓

特来克(1890~1919年),出生于日本,祖籍荷兰,荷兰水利工程师、上海浚浦局总工程师奈格之子。1916年,特来克受张謇之聘来到南通任保坍会驻会工程师。短短3年,建成天生港至任港水楗10座、大小水闸3座、桥1座,稳定了南通的长江岸线,保护了农田和农民的生命安全,为南通水利建设做出了杰出贡献。

1919年盛夏,特来克冒着酷暑到遥望港九孔钢筋混凝土大闸建设工地检查工作,因当时条件十分艰苦,不幸染上霍乱,夜返求治途中病逝,年仅29岁。经征得家属同意,葬于剑山南麓,张謇亲笔题写碑文。

特来克墓成为中荷两国人民友谊的见证。

赵丹故居

南通市文物保护单位
公布批次（时间）：第三批（1998年12月）
地址：崇川区西南营历史文化街区西南营36号

赵丹故居为民国建筑，是赵丹在南通生活、学习、成长的遗迹，具有重要历史价值。

赵丹（1915~1980年），原名赵凤翱，我国著名话剧、电影表演艺术家。两岁时随父母迁居南通，其父在南通开设影戏院。赵丹少时受家庭熏陶，酷爱艺术。中学时代曾与好友顾而已、钱千里、朱今明等组织"小小剧社"，演出进步话剧。毕业后考入上海美术专科学校，学习国画，专攻山水。其间参加美专剧团、新地剧社和拓声剧社，并积极参与"左翼剧联"活动，改名赵丹。中华人民共和国成立后，赵丹主演的《为了和平》《李时珍》《林则徐》《聂耳》《烈火中永生》等影片，代表了中国20世纪五六十年代电影表演艺术的最高水平。1980年10月10日，赵丹在北京病逝，享年65岁。1992年，赵丹骨灰回到故乡，安葬在其母校南通市实验中学（原崇敬中学）新建的丹亭。

白雅雨故居

南通市文物保护单位
公布批次（时间）：第三批（1998年12月）
地址：崇川区白陆巷2号

白雅雨故居为清末民初建筑，白雅雨早年曾在此居住。院落东南角存表门一座，系1935年白氏后人修缮白雅雨故居时，冯玉祥将军赠建，风格独特，引人瞩目。

白雅雨（1868~1912年），江苏南通人。曾先后就学于南菁书院和上海南洋公学师范学堂，任教于天津北洋政法学堂、北洋高等女学堂等校。1912年1月2日，白雅雨等策动滦州起义，成立北方革命军军政府，起义失败被捕，英勇就义。1912年9月，白雅雨灵柩归葬狼山。

金沧江故居

南通市文物保护单位
公布批次（时间）：第三批（1998年12月）
地址：崇川区西南营历史文化街区西南营36号

金沧江故居为近代建筑，朝鲜历史学家、爱国诗人金沧江曾在此居住。

金沧江（1850~1927年），名泽荣，字于霖，号沧江，1850年生于朝鲜开城府，42岁中进士，官至三品通政大夫。1905年，日本对朝鲜加紧侵略。为了不沦为亡国奴，金沧江愤而辞官，携妻女并大批史籍来华。1882年，为平息朝鲜乱事，张謇随庆军驻扎朝鲜，与金沧江有交往。得知金沧江的遭遇，张謇力邀他居住南通，委聘其为南通翰墨林印书局编校以维持生计。金沧江在南通定居22年，深通汉学，著作丰富，留有《韶濩堂集》《沧江诗稿》等著作，为中朝文化交流做出了贡献。

金沧江1905年到南通，先寓居通城东南角畲箕营附近，后迁至许家巷，1915年定居现址。金沧江故居主屋为朝南三间平房，西间为卧室，中间为堂屋。隔庭院与主屋相向有三间背街平房，其东部与住宅门堂相连。西侧一巷之隔是晚明进士、清初遗民包壮行旧居"石圃"。石圃内一棵古女贞树，其荫半覆于金沧江寓所的天井之中，金沧江因此将其住宅取名"借树亭"，并作《借树亭记》。1927年4月，金沧江因复国愿望未偿，加之中国政局动荡，在悲愤抑郁中服毒自尽。南通文化界人士为他举办了隆重的公葬仪式，其灵柩葬于狼山南麓。

金沧江在通期间，在此处定居时间最长，自1915年至1927年辞世一直居住于此。金沧江故居是其晚年写作、交友的主要场所，现存建筑虽然简陋，却凝聚着金沧江与中国人民的深厚情谊。中韩建交前后，屡有朝、韩学者等各方人士前来瞻仰故居，凭吊先贤。金沧江故居为增进中韩两国人民的友谊发挥了独特作用。

2021年，故居修缮后，辟为金沧江纪念馆。

李方膺故居

南通市文物保护单位
公布批次（时间）：第三批（1998年12月）
地址：崇川区寺街29号、31号

李方膺故居为清代建筑，清代著名画家、"扬州八怪"之一李方膺曾在此居住。

李方膺（1697~1756年），江苏通州人，曾任山东、安徽等地知县，晚年寓居南京借园，擅画松竹兰菊，尤善画梅。李方膺故居原为李方膺父亲所购，有南向房两间、朝东房六间、面西屋及门堂四间。西有庭院，卵石铺阶，院中一亭屋，围以木栏。寺街31号小院为李方膺居住区，最北有正屋三间，堂屋、卧室一应俱在，旁有零星偏舍，大门堂位于东南方。寺街29号是一个较大的花园式庭院。当年这里遍植梅树，李方膺曾留下诗句"故园好种梅三十，雪夜寒窗读父书"。院内主建筑是建于清代的青砖青瓦亭子间一幢，东、南两面有构造典雅的空花木栏围护回廊。庭院南侧原有一座两层砖木结构、精巧别致的"梅花楼"，硬山式楼顶，楼下朝南三间，楼上有明三间、暗三间，暗三间向北延伸部分在楼下形成一个过道，正好通往西北边的小花园。此楼是李方膺当年写诗作画、与文人雅士聚会的地方，可惜于1963年被改建成平房。

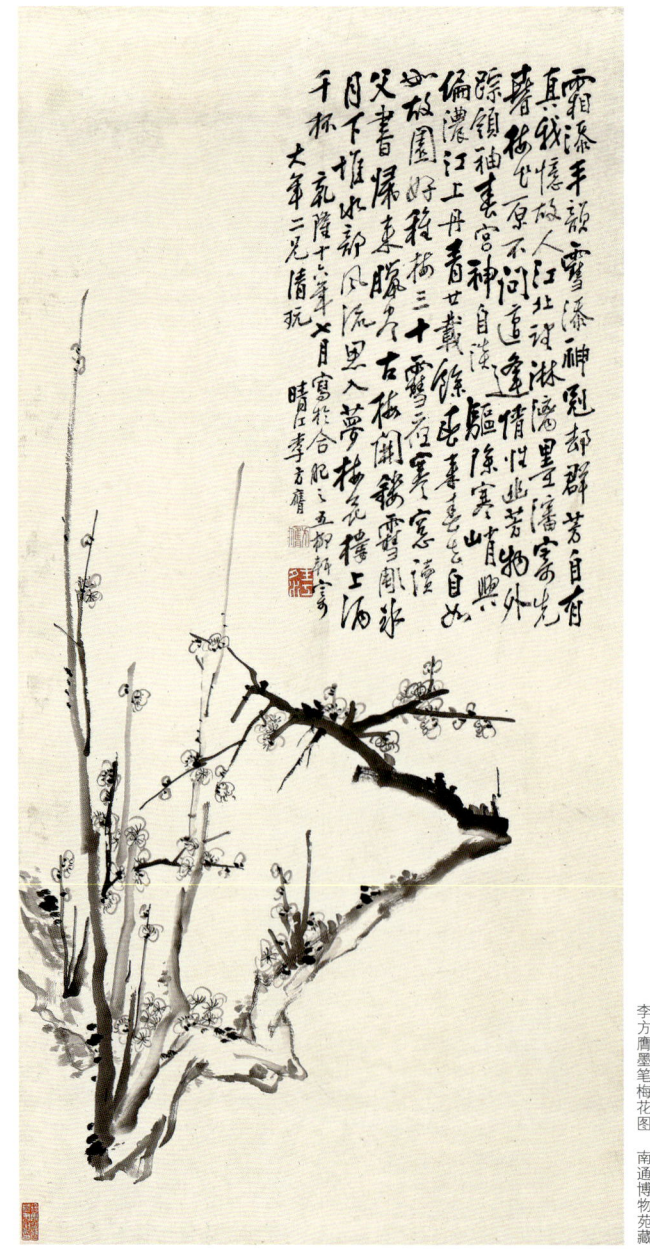

李方膺墨笔梅花图　南通博物苑藏

女红传习所旧址

南通市文物保护单位
公布批次（时间）：第三批（1998年12月）
地址：崇川区环城南路23号

女红传习所由张謇于1914年创办，是我国早期专业的刺绣学校之一。聘请沈寿担任所长，招收学员以本地为主，也有来自江、浙、皖、湘、粤等地，先后培养学生300余人，为南通近代刺绣工艺发展打下了基础。

女红传习所校舍由孙支厦设计，原为一进三栋二层楼四合院，中西合璧，风格独特，美观实用，具有很高的科学性和艺术性。1992年，此地用于南通市沈寿艺术馆。2020年，南通市沈寿艺术馆更名为南通市沈绣博物馆。

女红传习所旧址东邻濠阳小筑和因树斋，西为张謇创办的通明电气公司旧址，南临濠河，与有斐饭店隔河相望，文化气息浓厚。

濠南别业西楼

南通市文物保护单位
公布批次（时间）：第三批（1998年12月）
地址：崇川区启秀路3号

1922年，张謇在濠南别业西边建造了一座西洋式楼房——濠南别业西楼，供他的孙女及其他女眷使用。其建筑风格与濠南别业一致，砖木结构，五开间二厢房三层楼，底层为地炕，用于存放杂物，二、三层为起居用房，楼前有半圆弧形楼梯盘旋而上。与濠南别业之间用围墙、竹林相隔，并开有小门相通，两楼之间原有过街楼相连。濠南别业西楼周边有核桃林，北有花圃，南有壶外亭、葫芦池，环境优美。20世纪50年代，濠南别业西楼成为南通市图书馆用房，直至南通市图书馆新馆建成搬迁。濠南别业西楼现由南通博物苑管理使用。

濠南别业西楼，对于研究张氏家族以及当时的建筑、园林艺术都是不可多得的实物标本。

虞楼

南通市文物保护单位
公布批次（时间）：第三批（1998年12月）
地址：崇川区狼山景区马鞍山东岭

虞楼由张謇于1921年为纪念恩师翁同龢而建。

翁同龢（1830~1904年），常熟人，清咸丰六年（1856年）状元，先后任刑部、工部、户部尚书，是光绪帝的老师。翁同龢对张謇颇为赏识，两人交谊甚笃。翁同龢逝世后，葬于常熟虞山。

1921年，张謇到常熟虞山白鸽峰下拜谒恩师翁同龢墓庐。回通后，看中马鞍山山顶原卓锡庵这块凭江远眺可望虞山的最佳地势，在此庵的废墟上建造虞楼，以寄托对恩师翁同龢的怀念。1999年1月，狼山风景名胜区管理处对虞楼进行原址修复。楼为二层，砖木结构，面阔三间，底层为展厅，展出张謇、翁同龢师生交往的珍贵图片。二楼为贵宾室，楼前悬挂张謇撰写的虞楼匾跋、楹联，有门亭。院东是一座四角亭。虞楼、四角亭、厢房和门厅由盖瓦围墙相连围成一个四合院，成为狼山景区重要的人文景点。

张謇与翁同龢都是对中国近代史有着一定影响的人物，他们由师及友的情谊和爱国行为不断激励着后人，虞楼则成为这一珍贵历史的重要见证，也是南通人勤勉进取、尊师重教、心志高远的真实写照。

兴化禅寺

南通市文物保护单位
公布批次（时间）：第三批（1998年12月）
地址：崇川区西寺路17号

　　兴化禅寺俗称西寺，始建于南宋乾道元年（1165年），原有前后两房，元至正十八年（1358年）被毁。明洪武二十一年（1388年）重建，只存后房，并设僧正司于此。明嘉靖年间毁于倭患，隆庆元年（1567年）重建。清康熙十八年（1679年）、雍正七年（1729年）、乾隆三十七年（1772年）、嘉庆六年（1801年）几经修复，全寺有大殿、金刚殿、大山门、后殿、后佛堂、后敞厅等共52间。经风雨侵蚀，寺又呈残垣颓壁景象。1918年，张謇私资修缮，1919年竣工，寺庙建筑有大殿、金刚殿、大山门、后殿、佛堂等大小70间，占地4.7亩。1942年，僧守禅再度重修。2013年，南通市委、市政府拨专款修缮，保留山门、天王殿、华严殿、药师殿等四座历史建筑，复建钟楼、鼓楼（兴化禅寺的"南寺钟声"曾为"通州八景"之一），还保留了甘露和普济两口古井。大殿及天王殿为典型宋代方形平面，其柱础均为宋代遗构，天王殿正檩有建筑纪年。天王殿、华严殿均为单檐前殿歇山建筑，并设副阶。药师殿为硬山建筑，廊前有轩，具有明清江南建筑特色。华严殿前小轩亭颇具特点，歇山屋面用料小巧，为原寺庙园林组成部分，其做法保留了许多南通地区特有的传统建筑风格。复建后的兴化禅寺，佛像庄严，法器高雅，环境清净，成为南通重要的佛教文化展览场馆。

　　西寺之名相对于东寺而言。两寺直线距离仅约里许。据史料记载，西寺南山门原与东寺平齐。据明隆庆六年（1572年）重建兴化寺装塑佛菩萨像记碑记载，堪舆家谓"通水泥土，浮用二寺以镇胜之理"。因此，兴化禅寺不仅在南通佛教史上有着重要地位，于南通古方域格局的形成也起到重要作用，是南通先贤留给我们的文化至宝。

北极阁城墙遗址

南通市文物保护单位
公布批次(时间):第三批(1998年12月)
地址:崇川区环城北路江苏省南通中学后门东侧

　　北极阁城墙遗址为南通老城北城门旁的一段城墙遗址,始建于后周显德年间(954~960年)。

　　古通州建城时,东西南北四门齐全。东、西、南三门外的濠河为人工开挖,有吊桥相通,居民集中,有街有市,人气很旺。唯独北濠河是天然水泊,又宽又深,人烟稀少,冷落荒凉。后来,官府以"地僻多盗"为由将北门闭塞,并在城墙上建道观北上真殿,人称北极阁。

　　北极阁原正殿为两进叠台,后进为单檐歇山建筑,檐牙高啄。大殿宽13米,高10米,共有房屋45间。主殿抱柱上原有一副长联,上联是"雉堞仰辰居,唯此关独闭,莫定方州;南五山、北五山、中五山,山山对峙"。下联是"凤城临坎位,赖

百废俱兴,经营大力;物用善、工用善、财用善,善善同归"。民国初年,拆城墙建马路,北极阁被保留。"文革"期间,北极阁被毁。

北极阁城墙遗址是南通古城墙仅存的地上遗迹,对于研究南通古城格局、地方宗教文化及风俗民情都有重要意义。

玄妙观玉皇楼

南通市文物保护单位
公布批次（时间）：第三批（1998年12月）
地址：崇川区仓巷57号

玄妙观，原名天庆观，初建于宋天圣二年（1024年）。元至正二年（1342年），改名玄妙观。玄妙观曾为南通道教的丛林，明洪武年间（1368~1398年）曾在此设道正司，管辖通州一百多所道观，在南通宗教史上具有重要地位。玄妙观的建筑取中轴线布局，主结构大殿、玉皇殿处于中轴线上，配殿、住房分布两侧。殿宇宏丽，飞檐翘角，高大轩敞，气度恢宏，在通州城内道教古建筑中堪称翘楚。

玄妙观历近千年，大部分建筑已经不复存在。玉皇楼是玄妙观仅存的建筑，二层砖木结构歇山建筑，面阔五间15.5米，进深8.3米，楼下前及左右附卷棚式长廊。经历代重修，从层楼式玉皇殿、月台以及楼前的六棵古银杏，仍依稀可见玄妙观当年的规模。

玄妙观玉皇楼对于研究南通地方史、古城格局、宗教文化具有重要意义。

三清殿

南通市文物保护单位
公布批次（时间）：第三批（1998年12月）
地址：启东市吕四港镇鹤城公园内

  三清殿始建于元末明初，明洪武四年（1371年）扩建。初建时，原有殿房16间，正中供奉太清天、上清天、玉清天，后又请来元始、灵宝、道德三大天尊，还供奉千手观音、温公元帅、真武大帝等圣人。清末，吕四港镇大佛殿被毁，仅存的药师、释迦、弥陀三尊佛像被搬入三清殿供奉，形成"道佛一家"的独特现象，故三清殿又被称为三圣殿。

  民国年间，三清殿屡遭毁坏，仅存5间旧殿房和汉白玉石碑底座及石狮一对。1982年，政府拨款重修三清殿。后又按明代建筑样式复建大殿等建筑。大殿面阔五间20米，进深七檩9.5米，高6.6米，歇山顶，四金柱粗壮。1993年，因公路建设需要，三清殿向南迁至现址。

  三清殿是启东境内现存最古老的建筑。

耙齿凌战役烈士陵园

南通市文物保护单位
公布批次（时间）：第三批（1998年12月）
地址：如东县河口镇烈士陵村19组

耙齿凌战役烈士陵园安葬了抗日战争中壮烈牺牲的93名新四军指战员。

1944年6月，新四军一师三旅七团与日军加藤中队100余人及伪军二十六师400人在耙齿凌发生遭遇战，激战2小时，全歼日伪军500余人。为纪念在此次战斗中壮烈牺牲的新四军一师三旅七团三营副营长吴景安等93名指战员，当地政府于1946年建了这座烈士陵园。县政府将双岔北区改为景安区，以纪念吴景安烈士。1994年新建陈列馆并征集史料布展，整修陵园三面河道，用石驳进行护坡加固。2004年又新建展览馆、耙齿凌战役烈士纪念碑，全面整治陵园环境。现占地1.5万平方米，陵园内有六角亭、石碑、石塔、纪念室、陈列厅等。

耙齿凌战役烈士陵园是新四军苏中抗战辉煌战绩的历史见证，如今已成为南通市爱国主义教育基地、国防教育基地和红色旅游景点。

中共江北区特别委员会机关旧址及纪念碑

南通市文物保护单位
公布批次（时间）：第三批（1998年12月）
地址：通州区兴仁镇四安温桥村五组

中共江北区特别委员会机关旧址，是中共江北区特别委员会（以下简称"中共江北特委"）1939年10月至1940年10月间的办公及指挥机构。

1938年8月，根据中共江苏省委决定，以唐守愚为书记，中共江北特委在金沙镇爱国人士姚昧香家建立，秘密领导南通、如皋、海门、启东地区的革命活动。1939年10月，中共江北特委迁至四安镇，隐蔽在温桥村开明士绅吴质夫家；

赵毓华任代理书记。1940年10月，新四军苏北指挥所从黄桥移至海安，成立中共苏北区党委，原中共江北特委撤销。

1994年10月，中共通州市委在中共江北特委机关旧址北侧立碑纪念。碑座高1.5米、宽6.5米，碑身高3米、宽6米，正面由张爱萍将军题书"中共江北特委旧址"，背面刻有碑文，四周护以围栏，广植花草翠柏，占地600平方米。

如今，该处文保单位已成为对广大群众特别是青少年进行爱国主义和革命传统教育的重要基地。

钟秀山遗址

南通市文物保护单位
公布批次（时间）：第四批（2004年8月）
地址：崇川区钟秀中路100号

钟秀山亦名北五山，又称北土山，位于南通旧城区中轴线北端。据地方史书记载，明嘉靖、隆庆年间，通州的士大夫们认为通州城北"平壤雉堞""风气不聚"，故主张在北郊筑土山与城南五山对峙，以保通州这块"钟灵之地"。明隆庆三年（1569年），知州郑舜臣"买田五十七亩，用夫千余工，食米百余石"，筑成钟秀山。

历代名人曾在钟秀山留下不少诗文碑记，如明代陈尧、顾养谦《通州新筑钟秀山碑记》、陈大科《钟秀山记》、朱子蕃《北山重建碧霞阁记》等，张謇也曾为之撰联"是家豪逸生有种，坐觉江山气未衰"。

钟秀山遗址是南通古代城市重要遗存，现存主山部分山体及碧霞阁部分遗构（大殿）。1985年，南通市人民政府在钟秀山遗址建钟秀山烈士陵园，主要建筑有烈士纪念碑、烈士事迹陈列厅、南通"三·一八"惨案烈士墓碑。后，又新建南通革命纪念馆。

宋井

南通市文物保护单位
公布批次(时间):第四批(2004年8月)
地址:海安市新华东路街1号海安高级中学内

宋井位于海安高级中学校园内成才大道北首路西,东临公寓花园,南邻实验楼,北邻学生公寓,周围环境优雅。井栏不存,但井内砖结构保存完好。井口呈椭圆形,直径分别为0.8米和0.7米,井深7.8米,由公母榫相扣的弧形砖砌成。

宋井对于研究海安地区的宋代风土人情有借鉴和参考价值。

张氏宗祠旧址

南通市文物保护单位
公布批次（时间）：第四批（2004年8月）
地址：通州区金新街道三姓街村张謇学校北侧

张氏宗祠初建于清康熙五十一年（1712年），后经历代修缮，现仅存宗祠后殿及银杏两棵。后殿为四开间抬梁式硬山建筑，木构粗壮，简洁大方。

元朝末年，张氏始祖张建（字惟贤，号富义公）从江南常熟土筑山携家带口涉江来到相对安定的江北通州避兵乱，选在金沙场西定居。当时此地仅有张、王、季三家，沿袭至今仍称"三姓街"。三姓中张氏传至四世时生了十个儿子，分十房居住，人称"十张家园"。到了明代，张氏支派繁衍，人丁兴旺，为祭祀祖宗，明正德年间筹资建了家庙。清康熙五十一年（1712年）在家庙东建成张氏宗祠，当时有正寝三楹，厅三楹，阶三级，祠内供奉张氏列祖列宗的牌位。

清光绪二十年（1894年），十六世张謇在甲午恩科中夺魁。光绪二十三年（1897年），张謇以新科状元身份到张氏宗祠向祖宗谢恩时，制作了"状元及第"梨木金漆大匾，现悬挂于思荫长春堂前。1908年，张謇以此为基础创办私立张氏小学，1949年后更名为新生小学。2006年，通州市人民政府出资修复张氏宗祠，现有建筑由门厅、回廊、享堂、东西庑廊、寝殿等五部分组成。2015年，原新生小学正式更名为张謇学校，并迁至宗祠南侧。

张氏宗祠是张謇在通州的重要遗迹，具有珍贵的历史价值。

军山普陀别院碑

南通市文物保护单位
公布批次（时间）：第四批（2004年8月）
地址：崇川区狼山风景名胜区军山山顶普陀别院内

军山普陀别院碑，全称"军山新建普陀别院碑记"，为明朝礼部尚书、书画家董其昌于崇祯三年（1630年）撰文并书。

碑为青石质，由碑首、碑体、碑座三部分组成。通高1.8米，宽0.8米。碑文记载了狼山提督王扬德与士绅各捐俸禄若干，广募众资，于明天启六年（1626年）开工，崇祯三年（1630年）建成军山主刹普陀别院的事迹。此碑历经数百年基本保持完好，现镶嵌于军山普陀别院的院墙上。

军山普陀别院碑是研究南通地方史和宗教文化的重要文物，具有较高的历史和艺术价值。

戴联奎墓石刻

南通市文物保护单位
公布批次（时间）：第四批（2004年8月）
地址：如皋市东陈镇尚书村10组

戴联奎，江苏如皋人，清乾隆四十年（1775年）进士，授翰林院庶吉士，曾先后任内阁学士、左都御史，兵、礼、吏、户四部尚书，教授过嘉庆、道光两位皇帝。

据民国《如皋县志》记载，戴联奎去世后，魂归故里，葬于东陈张草港，也就是现在的如皋市东陈镇尚书村。清道光皇帝赐御葬，按规制建墓，并于墓前神道两侧自南而北布列狮、羊、马、武臣、文臣等石刻。翁仲为青石质，通高2.54~2.72米，每尊重约两吨，体量之大，苏北罕见。两尊武臣头着参知政事官帽，身穿宽袍大袖的朝服，一尊手执剑，一尊手执铜，巍然肃立。两尊文臣头戴龙图阁学士官帽，宽袍大袖，手捧牙笏侍立。石翁仲刻画细腻，面部表情肃穆传神，朝服衣褶飘垂自如，可谓石刻精品，具有较高的历史和艺术价值。

伶工学社旧址

南通市文物保护单位
公布批次（时间）：第四批（2004年8月）
地址：崇川区严家巷4号

　　伶工学社建于1919年，是张謇创办的我国第一所新型戏剧学校，在我国戏剧史上享有重要地位。张謇亲任伶工学社董事长，张孝若为社长，梅兰芳为名誉社长。欧阳予倩任主任，主持日常事务，并亲自给学生讲授戏剧理论，还进行了京剧剧目、舞台艺术和剧场管理方面的改革。

　　当年伶工学社在望仙桥畔武圣殿原址修建，建筑分为四个区，两栋宿舍组成住宿区，三栋教室组成教学区，食堂、办公和餐饮用房组成后勤区，演艺场、操场组成学生实习区，共有校舍60余间。现存校舍20余间，为砖木结构平房，分东西两列，前后各三进，中有走廊相连，其间有古银杏3棵。2010年，南通市委、市政府全面启动伶工学社保护利用工程，对留存的原校舍进行修缮，同时恢复了小剧场、露天戏台、连廊等设施。

　　伶工学社引领中国近代新型戏剧教育风气之先，当时是我国惟一的一所正规戏曲专门学校，是我国戏曲教育事业的里程碑。

南通农科大学校舍

南通市文物保护单位
公布批次（时间）：第四批（2004年8月）
地址：崇川区濠南路19号南通博物苑内

南通农科大学的前身是张謇于1906年设立的通州师范学校农科，后分设初、高两等农业学校、甲种农业学校，1919年改称农科大学，1928年后与医科大学、纺织大学合并为南通大学，1930年后称南通学院农科，1952年迁往扬州，合并为苏北农学院，系现今扬州大学之一部。

南通农科大学校舍原分布在启秀路南北两侧。现存路北两栋校舍，为二层砖木结构民国建筑，其外形、结构、体量相同，每栋建筑面积为706平方米，均坐北朝南，呈一南一北布局。小歇山式屋顶，上铺蝴蝶瓦，混水砖墙。南楼中间为过道，楼梯沿两侧墙体向上。北楼中室为折返楼梯。

启秀别业

南通市文物保护单位
公布批次（时间）：第四批（2004年8月）
地址：崇川区启秀路20号

启秀别业建于20世纪20年代初，为张孝若的居所。1928年3月，张謇嫡孙、张孝若之子张绪武出生于此。后，曾为南通医学专门学校外国专家宿舍。

启秀别业为二层砖木结构小楼，坐北朝南，建筑面积356平方米。面阔三间，前有走廊，东南角附楼梯间，楼房中室北侧外加厨房。风格简洁，中西合璧，是近代南通具有代表性的别墅建筑。

作为张氏家族在南通的居所之一，启秀别业与张氏家族乃至整个近代南通的历史有着紧密联系，因而具有重要历史意义。

狼山天主教堂

南通市文物保护单位
公布批次（时间）：第四批（2004年8月）
地址：崇川区城山路113号

狼山天主教堂又称狼山露德圣母堂，是海门教区主教座堂，位于狼山风景名胜区北端，是江浙沪一带著名的天主教朝圣地。

狼山天主教堂由海门教区首任华籍主教朱开敏于1936年多方筹资兴建，由上海天主教徒潘世义承担测量、勘探、设计、集材、施工管理等工作，汇利鹤记建筑厂承包建造。教堂为哥特式建筑，坐西向东，建筑平面为十字架形，整体为钢筋混凝土结构，总面积约500平方米，可容纳近千人。大堂前有钟楼一座，高30米。钟楼顶上建有一座瓷白色十字架，钟楼四周装饰彩画玻璃。屋面覆盖黄色琉璃瓦，外墙呈金黄色，立面简洁无装饰。大堂内部西首设正祭台，祭台后壁内供奉露德圣母像一尊。大堂分上下两层，上层两侧有廊道，后部为音乐台，可站立数十人的合唱队。内部装潢精致，明亮宽畅。

南通市劳动人民文化宫

南通市文物保护单位
公布批次（时间）：第四批（2004年8月）
地址：崇川区环西路1号

南通市劳动人民文化宫位于南通老城区西南角，风景秀丽的濠河之畔，是南通市民引以为豪的标志性建筑。

该建筑于1951年由南通市总工会发起，市政府支持，社会各界捐资兴建，市建筑工会派工承建，历时11个月，1952年竣工。时任上海市市长的陈毅亲笔题写了宫名。

南通市劳动人民文化宫，外形庄重典雅，虽历经半个多世纪，仍显雍容华贵。建筑为内框架混合结构，圆木桩基，钢筋混凝土承台，总建筑面积约5000平方米，高四层。底层为展览厅；第二层为可容400人的交谊厅；第三层为可容840人的大礼堂，礼堂外有一个平台；两侧耳房及第四层作为演职员宿舍、化妆室。文化宫北侧还兴建了一座能容纳1300名观众的文化宫电影院。

南通市劳动人民文化宫是新中国成立后南通建设的第一个大型文化设施，也是全国最早兴建的劳动人民文化宫之一。

近代纺织车间

南通市文物保护单位
公布批次（时间）：第四批（2004年8月）
地址：崇川区文峰路4号南通纺织博物馆内

近代纺织车间利用大生纱厂初建时北车间的梁、柱、窗、铺地石板等建筑材料，于1985年按照原貌移建至现址。车间为砖木结构锯齿形厂房，占地500多平方米。车间内保存着大生纱厂初建时使用的完整生产流程的6种15台设备和动力传动设施，其中，有1895年英国赫直灵登公司生产的纺纱机器，以及资生铁厂1914~1915年生产的中国最早自制的织布机，还有早期引进的日本丰田织布机。

近代纺织车间是全国仅有的完整反映中国近代纺织生产面貌的代表性文物，再现了张謇时代大生纱厂的历史原貌。

韩国钧墓

南通市文物保护单位
公布批次（时间）：第四批（2004年8月）
地址：海安市广福路新通扬运河生态区广福禅寺西南侧

韩国钧（1857~1942年），字紫石，亦字止石，晚号止叟，江苏扬州府泰州海安镇(今江苏海安)人，历任安徽巡按使、江苏省省长等职。抗战期间，韩国钧受中国共产党抗日民族统一战线的感召，主张"团结对外，扫荡敌氛"，支持华中联合抗战。后身陷敌围，拒绝担任敌伪"江苏省省长"之职，在软禁中忧愤而逝。陈毅同志曾撰文赞誉他是"民族抗战之楷模"。1947年，葬于现址。

韩国钧墓背靠凤山，东北为广福禅寺，东邻紫石中学。墓前有碑亭，亭内为韩紫石神道碑，陵墓大门石牌坊高耸，周围树木葱茏，环境清幽。"文革"期间，韩国钧墓遭劫被毁。1982年，当地政府修复韩国钧墓，同时修复护墙和两级平台。

海安县烈士陵园

南通市文物保护单位
公布批次（时间）：第四批（2004 年 8 月）
地址：海安市宁海南路 80 号

海安县烈士陵园于 1955 年筹建，1957 年春落成，占地 3.3 万平方米。园内建有海安革命烈士纪念馆、纪念碑，粟裕同志纪念馆等设施。

海安革命烈士纪念馆由粟裕将军题写馆名，馆内陈列着海安革命斗争史、著名烈士事迹壁画、3000 多名烈士的简介和革命文物等。根据粟裕将军生前愿望，其部分骨灰安葬在纪念碑左侧，与 300 多位烈士一起长眠于此。粟裕同志纪念馆由迟浩田题写馆名，通过大量史料、图片、文物等，再现了粟裕同志革命的一生。园内还建有碑廊，刻有王光英、李德生、粟裕、叶飞、张爱萍、迟浩田、韩念龙、傅崇碧、江渭清、管文蔚等人的题词。

海安县烈士陵园珍藏有明清时期文物和百年名贵盆景，别具一格的小桥、流水、亭楼、牌坊与常青古木、四季吐芳的花卉和桂花园、竹园、松树林相映成趣，构成一幅美丽画卷，对青少年进行爱国主义教育具有巨大作用。

张謇祖居

南通市文物保护单位
公布批次（时间）：第四批（2004年8月）
地址：通州区西亭镇状元街1号

张謇祖居为张謇祖父张朝彦建造。

张朝彦少年时痛失双亲，16岁继承张氏位于金沙镇瞿家园的田地房产。后被他人引诱怂恿，不慎掉入赌博陷阱，债台高筑，变卖瞿家园所有田地房产抵债。事后经年，张謇作五言诗嗟叹："先祖嗟孤露，邻姻正独强。诱之科博负，逼甚纳田偿。"一无所有的张朝彦栖身小木船，以卖糖、收破烂为生，沿着运盐河漂泊到当时的盐业重镇西亭讨生活。数年后，张朝彦娶吴氏为妻，后陆续添丁，卧薪尝胆、发愤图强，租种田地，维持六口之家。清道光二十六年（1846年），在其租种田地附近盖了四间房，这就是张謇祖居的雏形。

张謇祖居原有四进，占地3300余平方米，1926年翻修扩建，当地人称"张公馆"。

张謇祖居是张謇青少年时期生活和读书之处，是张謇在通州的重要遗迹，具有珍贵的历史价值。

通海垦牧公司挡潮墙遗址

南通市文物保护单位
公布批次（时间）：第四批（2004年8月）
地址：启东市吕四港镇秦潭村

20世纪初，张謇着手筹建通海垦牧公司。由于原有的海岸泥堤年久失修，每当风潮涨侵，岸堤决口，房屋冲毁，人畜伤亡，农田受淹，严重影响了垦牧大业的进程。在修补海堤的同时，张謇决定在屡屡决口的海堤处建挡潮墙，并请来荷兰水利工程师特来克负责施工。最初是木板墙，屡建屡毁。后改用钢筋混凝土。当年的一排钢筋混凝土墩（原64个，现存59个）依然屹立在海滩上。遗址全长1585米。从现存遗迹来看，当年修筑的挡潮墙高3.3米，厚0.7米，墙体每隔数米有钢筋混凝土斜坡支撑。虽然部分墙体因海浪冲击已经倒塌，但仍可感受其"海上长城"的宏伟气势。

由于百余年来滩涂不断涨出，海岸线向外延伸，通海垦牧公司挡潮墙遗址现已成为海堤内的一处景观。2018年，启东市以此遗址为核心，辟地20万平方米（其中水体面积8万平方米）建成挡潮墙遗址文化公园。

郁寿丰墓

南通市文物保护单位
公布批次（时间）：第四批（2004年8月）
地址：启东市合作镇东首

郁寿丰(1873~1926年)，近代启东杰出的实业家、慈善家，原名世丰，又名鸿兴，字芑生。清同治十二年（1873年），出生于海门直隶厅曹家镇（今启东市合作镇）。1926年，在上海突发脑溢血逝世。长子郁震东谨遵其父意愿，在曹家镇东首筹建天主教堂（小德肋撒堂），同时在教堂西北侧购地筑陵园。1933年，教堂落成，郁寿丰灵柩移入陵园，墓碑的碑文由清末状元刘春霖撰写。

郁寿丰曾辅佐张謇兴办实业，践行"实业救国"理想，推动了启东早期工业和社会事业的发展。

吉家墩遗址

南通市文物保护单位
公布批次（时间）：第五批（2014年3月）
地址：海安市高新区原隆政镇吉家桥村

吉家墩遗址地处里下河地区南部边缘，是继青墩遗址后，海安境内经过发掘清理的又一处新石器时代滨海遗址。遗址东距黄海45公里，西距青墩遗址约15公里，已探明面积416平方米。

1985年，当地农民挖鱼塘时发现了吉家墩遗址。随后，在南通博物苑的指导下，海安县文物管理委员会办公室对该遗址进行了抢救性发掘，出土了环、璜、斧、锛、凿、镞等石器，鼎、豆、壶、杯、罐、盆、纺轮等陶器。通过发掘，初步探明遗址地层堆积分为上、中、下三层，下层主要遗迹为干栏式建筑，中层为墓区，上层多为红烧土。经碳十四检测，其下层年代距今5970±77年，中层年代距今5415±105年。

吉家墩遗址的发掘再次印证了长江三角洲北部平原距今5000多年前的人类活动情况，以及江海平原形成和演变的过程，为江海平原的悠久历史提供了重要佐证。

交运路 13 号明代住宅

南通市文物保护单位
公布批次（时间）：第五批（2014 年 3 月）
地址：海安市海安镇交运路街 13 号

交运路 13 号明代住宅为海安地区仅存的明代建筑，现仍为谭氏居所。

该宅曾于民国时期大修，现仅存一进建筑。面阔三间，梁架做法为穿斗式，七架梁用五柱，正间双步梁制作成扁月梁。屋面举折平缓，梁架式样具有明代特征。柱下用木楯，惟柱端无覆盆式卷刹，月梁下用荷叶墩，无三幅云、抱梁云装饰。

该建筑全木结构框架，保存完好，苏中地区极为少见。

| 展痕处处 余音袅袅 | 南通文物保护单位 |

南山五帝观

南通市文物保护单位
公布批次（时间）：第五批（2014年3月）
地址：通州区金沙街道为民东路朝阳路口

南山五帝观初建于明弘治、正德年间，清乾隆五十九年（1794年）重修。占地592平方米，现存建筑以中轴线分布，尚存前后三座建筑。前两座均为硬山建筑三开间。后座大殿为抬梁式和穿斗式相结合的歇山建筑，面阔四间15.5米，进深9.5米，脊高9.2米，梁柱粗壮，柱下安鼓形柱础。东次间东墙嵌有清嘉庆元年（1796年）"南山五帝观"青石碑一块。

此观历史悠久，具有珍贵的研究价值。

钱氏牌坊

南通市文物保护单位
公布批次（时间）：第五批（2014 年 3 月）
地址：通州区二甲镇余西居新民街 114 号

  钱氏牌坊建于清乾隆二十六年（1761 年），花岗石质，单门双柱三楼式，宽 3 米，高 5.5 米，坐西朝东。牌坊顶部及左右分冠以一大二小庑殿式顶，中楼嵌阴刻"御赐"二字。边楼各为一朝官，上下横额分别雕刻二龙戏珠和狮子滚球，柱上刻对联一副："百年贞操冰霜历，千载徽音日月昭。"

  钱氏牌坊所在的南通市通州区余西居，是南通著名的古盐场，也是因盐而兴的古镇，有着深厚的历史文化底蕴，2014 年被公布为中国历史文化名村。钱氏牌坊是通州目前仅存的两座完整牌坊之一，具有珍贵的历史和研究价值。

丰利古建筑群

南通市文物保护单位
公布批次（时间）：第五批（2014年3月）
地址：如东县丰利镇朝阳路将军巷

  丰利古建筑群由南向北共四进，最后一进二层楼，为文园主人故居。

  丰利因盐而兴，是南通历史上著名的盐场。丰利文园原为清康熙年间丰利进士张祚别业，后售于安徽盐商汪氏。初始仅为小型园林，汪氏第四代汪澹庵为营造一处适合子孙读书的地方，于清雍正十三年（1735年）重修。其子汪之珩斥巨资广聘名工巧匠扩建园林，至汪之珩之子汪为霖手中达到鼎盛。清乾隆末年，汪为霖又于文园之北，兴建绿净园。文园、绿净园内有着诸多胜境，白蒲丹青高手季标曾应汪氏后人邀请绘《文园十景图》《绿净园四景图》（现藏于南通博物苑）。

  丰利文园是一座典型的徽派园林，为我国江南著名园林之一，清乾隆皇帝拓建避暑山庄时曾采为样本。文园与水绘园中水明楼皆为汪氏所建，是海内徽派园林"孤例"。郑板桥、黄慎、罗聘、刘名芳等著名书画家曾留迹文园。

  21世纪初，文园仅残存一栋破旧的二层小楼和部分平房。为保护这一文化遗产，2009年，如东县政府购买了小楼的产权，进行抢救性维修。同时，征集相关史料、文物和名家字画，在小楼布置了反映文园历史变迁的陈列，并对外开放。

陈家小园 56 号别墅

南通市文物保护单位
公布批次（时间）：第五批（2014 年 3 月）
地址：崇川区孩儿巷北路 6 号

20 世纪初叶，美国传教士在南通城西购买土地建造医院和学校，同时进行传教活动。1908 年，建西洋式小楼两座作为生活用房。陈家小园 56 号别墅是其中一座，曾为南通基督医院院长的住宅，与人民西路 38 号别墅是姐妹楼。

该别墅为二层楼，砖木结构，坡顶红瓦，建筑面积 329 平方米，楼平面基本呈长方形。南立面东侧有一个等三边形楼面向外凸出，凸出的三面均有玻璃窗，西侧中部向外凸出一间。大门设在东立面中部，大门两边有罗马柱支撑弧拱。楼道设在大楼中部。

陈家小园 56 号别墅是南通建筑年代较早、为数不多的西式别墅，反映了近代南通西风东渐、对外交流的历史。

人民西路 38 号别墅

南通市文物保护单位
公布批次（时间）：第五批（2014 年 3 月）
地址：崇川区人民西路 38 号江苏省南通第一中学内

　　人民西路 38 号别墅建于 1908 年，为美国传教士所建生活用房，现为江苏省南通第一中学校史馆。

　　该别墅为欧式建筑，二层砖木结构，建筑面积 381.5 平方米，楼平面基本呈方形。大门在楼房东立面中部，两边各有一间小室，上为晒台。楼中间设过道，北部设楼梯。东南角和北立面中部各有一个凸出的三边形楼面，西北角向内凹进。西立面中部为外走廊，连接南边的居室，并以罗马柱托连拱。该建筑立面富有变化，是一座比较精美的住宅建筑。

　　人民西路 38 号别墅见证了江苏省南通第一中学百年办学史，已成为该校代表性建筑和校徽的主体图案，具有厚重的历史文化底蕴。

顾儆基故居

南通市文物保护单位
公布批次（时间）：第五批（2014年3月）
地址：崇川区环城东路153号南通市实验中学内

顾儆基故居建于1930年，是原私立崇敬中学创建人顾儆基居所。

顾儆基（字仲敬）以"国赖民救，民赖校救"为宗旨，于1917年斥私资创建中英学塾。后几易编制，四迁校址，两建校舍，于1928年正式定名"私立崇敬中学"。1952年，私立崇敬中学改为公办学校，顾儆基继任校长。

顾儆基故居是一座中西合璧的住宅楼，坐北朝南，建筑面积270.94平方米。双坡顶红洋瓦，顶两侧呈小三角形状。清水砖墙，白灰水勾缝。楼平面为长方形，面阔三间，东、西室前各有一个等三边形楼面向外凸出。中室两侧前有罗马柱，后部向外扩出1.2米，并设有木楼梯。二楼中室前有宽阔的阳台，铸铁栏杆。

顾儆基故居现为南通市实验中学集贤馆，陈列着原私立崇敬中学校友赵丹、钱千里、顾而已、朱今明等著名电影人史迹，与校园内为纪念人民艺术家赵丹而建的丹亭相映生辉。

张氏墓祠

南通市文物保护单位
公布批次（时间）：第五批（2014年3月）
地址：通州区金沙街道进鲜港村

张氏墓祠建成于1924年，当地称"张公祠"。

张謇的高曾祖张元臣于清乾隆年间从通州石港迁至金沙东五里庙瞿家园定居。后因家境败落，到张謇祖父时被迫卖房鬻地，迁居西亭，只留下祖坟一座。张謇兄弟1922年赎回瞿家园房产，1924年在原宅基地上兴建墓祠一座，并设小学为永久纪念。墓祠现有房屋十一间，呈"凹"字形排列，三间朝南，两边各有厢房四间，厢房与朝南屋之间有走廊相连，大门口尚余一对石鼓。中华人民共和国成立后，小学改称霞中小学，20世纪90年代初停办。

张氏墓祠是张謇在通州的重要遗迹，具有珍贵的历史价值。张謇在撰述自家世家的文字中说"先世已不可考"，而把瞿家园定为嫡祖始居之地，亦即自己的"生命之源"。2006年修缮时，在张氏墓祠的厢房墙壁内发现"谒墓祠排律"青石碑一块，石碑宽42厘米，高34厘米，为张謇亲笔所书，共52句五言律诗，记述了张氏始祖因避兵祸从常熟迁至通州的经历，瞿园公落户金沙东后祖居的沉浮变迁，以及以祖父张朝彦嗜赌为例警示后辈的谆谆训导。

江谦耕读处

南通市文物保护单位
公布批次（时间）：第五批（2014年3月）
地址：通州湾示范区广运村

江谦（1876~1942年），字易园，江西婺源人，近现代著名教育家、佛学家，曾任南通师范大学监理、校长、江苏省教育司司长（厅长）、南京高等师范学校（南京大学、东南大学、南京师范大学等十所大学的前身）首任校长。1913年，张謇、张詧兄弟在三余创办大有晋盐垦公司，江谦作为股东参股，并分得现金和股田。1929年，江谦出资在三余建房屋十多间，自称"海滨耕读处"，当地百姓则称"江家宅""江家仓"。1935年，江谦祖孙三代辗转来到"海滨耕读处"定居。中华人民共和国成立后，江谦"海滨耕读处"所余八间瓦房为广运小学所用。后来，广运小学并入三余小学。

江谦耕读处南侧为禹稷寺，三面环河，绿荫围绕，清新幽静。

大有晋垦区格局

南通市文物保护单位
公布批次（时间）：第五批（2014年3月）
地址：通州湾示范区三余镇向阳街

1913年冬季，张謇、张詧兄弟发起在吕四同仁泰公司以西，石港以东，范公堤以北，遥望港以南，东北至临海，原余西场、余东场的煎盐之地建立大有晋盐垦公司，公司总部设在三余镇。公司原有临街房屋八间，院内建有H型三层洋房一栋，表门上有张謇亲题"大有晋公司"五个大字。

大有晋垦区格局共规划为三余、广运等12个区，每个区分为9个匡，每个匡分为4个排，每个排分为20或24窎，每个窎1.67万平方米。窎与窎之间有泯沟，排与排之间有横河，分公司之间有匡河，匡河流入大河，大河入海。公司相继在大河入海口建成三门闸、遥望港九门闸，用于排盐和调节水位，防止海水倒灌。与此同时，规划建设道路桥梁，倡办商业与市政设施，兴建学校。

大有晋垦区格局利居住、抗洪涝、防海侵、宜耕作，充分体现了因地制宜的科学规划理念，影响及与苏北沿海各垦牧公司，至今仍发挥较大作用。

三门闸

南通市文物保护单位
公布批次（时间）：第五批（2014年3月）
地址：通州湾示范区三余镇恒兴至环本港桥港

三门闸亦称环恒闸、新三门闸，1925年兴建，1926年竣工。闸门为木质铁包边，中门高3.4米、宽5.4米，边门高2.4、宽4.6米。

1914年，在张謇倡导下成立的大有晋盐垦公司在今三余地区围垦造田。当年用两个月时间，筑成宽4米、高2米的海堤，此后逐年加高。

1916年，张謇请来荷兰水利工程师特来克，于歇御港（今团结河）出海口建南三门闸，1917年在四丈河出海口建中三门闸，1919年在遥堡

港口建九门闸，1925 年在环本和恒兴交界处建新三门闸。由于南三门闸和中三门闸逐渐废弃，民间后称的三门闸，即指新三门闸。三门闸是三余地区唯一保存完整的张謇时代所建水闸，曾长期发挥水位控制和调节作用，闸桥亦为交通枢纽。近年由于海岸线东移，出海口亦向东延伸，在其南侧又另建公路桥，三门闸作为水闸和桥梁的功能减退。

掘苴河闸

南通市文物保护单位
公布批次（时间）：第五批（2014年3月）
地址：如东县苴镇刘家庄村掘苴河和海防路交界处

掘苴河闸是如东人民20世纪50年代大兴水利，围垦造田，推动农业发展的历史见证。该闸建成后一直是如东重要的水利设施，如今仍在排涝抗灾、农业生产、渔业生产方面发挥着重要作用。

1957年，掘苴河闸由江苏省水利厅勘测设计院设计。同年11月，由南通专署水利局组织施工，1958年6月30日竣工。该闸为钢筋混凝土结构，共12孔，每孔宽3米，总孔径为36米，连闸墩前沿总长45.9米，闸底高程-1.0米，闸顶高程8.0米，胸墙顶高7.5米。闸门为全钢架木面直升门，以4.5吨齿杆手摇启闭机操纵启闭。1965年春，改为手摇电动两用启闭机。闸墩向南、向北的河道两侧都修建了水泥护坡。工程竣工后，郭沫若亲题"掘苴河闸"四个大字。闸建成后，立题词碑三块，分别是郭沫若题"面临黄海背长江，南通水闸垒成双。此闸新成腔十二，偃吹横笛水龙降"；宋庆龄题"兴建水利化河闸，为子孙万代造福"；陶勇题"昔建如东根据地，抗日灭寇得胜利。今日兴建幸福闸，誓争农业大跃进"。

因树斋

南通市文物保护单位
公布批次（时间）：第五批（2014年3月）
地址：崇川区环城南路21号

因树斋原址为药王庙。1925年，张謇迁药王庙建因树斋。因与原庙内的一棵鸡栖树（皂角树）邻近，张謇取名"因树斋"。

因树斋东与濠阳小筑相连，并有廊道与其相通，西与原绣织总局相邻。现存坐北朝南平房一进，前有天井，南侧有围墙，西侧有廊道组成院落。建筑均面阔三间，进深七檩，穿斗式结构。

因树斋作为濠阳小筑的延伸部分，是张謇故居不可分割的一部分，与濠阳小筑一样具有重要的历史和艺术价值。

朱理治故居

南通市文物保护单位
公布批次（时间）：第五批增补（2021 年 9 月）
地址：通州区二甲镇余西新民街 116 号

朱理治故居是朱理治青少年时期的生活之处，始建于清朝末年，是余西古镇传统民居。

朱理治（1907~1978 年），江苏南通余西人，又名铭勋，别名王茗、煌岗，1927 年加入中国共产党，是老一辈无产阶级革命家，我国财经战线的卓越领导者。朱理治故居以院落为核心组织空间，典型的三开间平面形制，垂直于街道沿轴线依次布置倒座、天井、厅堂、后院，两侧对称布置厢房、杂屋，由外至内形成从公共到私密的空间序列。建筑以厅堂、厢房围绕院落成回字形。现存坐北朝南正房三间、坐西朝东厢房两间。院内一棵柿树较为稀有，经历百年仍郁郁葱葱，挂满果实。当地政府于 2017 年进行修缮，在庭院内增设一尊朱理治塑像。